tatsächlich ländlich

ISBN-10: 1505667631
ISBN-13: 978-1505667639

tatsächlich ländlich

Liebesroman

Nicole S. Valentin

Umschlaggestaltung: Casandra Krammer
Umschlagmotiv: istockphoto/ © ajkkafe - 21506427
Korrektorat: Claudia Heinen – http://sks-heinen.de
1.Auflage, Dezember 2014

Der Autor ist unter der folgenden Adresse zu erreichen. Es handelt sich bei der Adresse um einen postalischen Weiterleitungsservice, da der Autor seine private Adresse nicht bekannt geben möchte.

Nicole S. Valentin

V.i.S.d.P.
Autorencentrum.de
Ein Projekt der BlueCat Publishing GbR
Gneisenaustraße 64
10961 Berlin
E-Mail: bluecatmedia@web.de
Tel- 030/61671496

Nicoles.valentin@aol.de

Kapitel 1

Das war ja mal wieder typisch.

Typisch für meine Familie und besonders typisch, dass es mich am Ende erwischt. Volle Breitseite.

Ich höre noch das Gejammere meiner Mutter … *Was soll ich denn jetzt nur tun? So ein Unglück. Dabei habe ich ihnen doch so fest versprochen, auf Elena aufzupassen, blablabla* …

Und das Ende vom Lied?

Ich sitze in meinem Auto, opfere eine Woche meines Jahresurlaubes, um zu meiner Großmutter zu fahren … aufs Land …, um ihr bei den Vorbereitungen zu helfen, für ihre anstehende Geburtstagsparty, auf die sie selbst so gar keine Lust zu haben scheint.

Aber so ist das eben. Mein Bruder hat den Enkelkinderbonus und ich eben die Tochterpflichten. Dass David sich genau jetzt dazu entschließt, mit meiner Schwägerin in eine romantische Flitterwoche zu entschwinden, bringt mich in den Genuss der Gesellschaft meiner fast 85-jährigen Oma. *Heureka.*

Und Geburtstagsparty hat hier sehr wenig mit Manhattan Cocktails und Sushi zu tun. Kann man sich ja denken … ich fahre aufs Land …

Es wird wohl eher auf ein Zusammentreffen der Dorfältesten mit krümeligem Apfelstreusel und entkoffeiniertem Kaffee hinauslaufen.

Mein Glück wäre perfekt, würde ich nicht schon eine geschlagene halbe Stunde hinter diesem dämlichen Trecker herfahren. Kurz vor meinem Ziel bin ich dazu gezwungen, in Schrittgeschwindigkeit einem Gülleanhänger zu folgen, weil es einfach keine Möglichkeit für mich gibt, diesen verflixten Land-Rolls-Royce zu überholen.

Nicht nur, dass es bis zum Himmel stinkt, es ist ungehörig laut. So laut, dass ich die Musik im Inneren meines Autos auf volle Lautstärke gedreht, kaum verstehen kann.

Ich liebe das Landleben …

Und dann ertönt ein nicht minder lautes Schnaufen und Knattern und das Gefährt vor mir verreckt mit einem erbärmlichen Zischen mitten auf der schmalen Landstraße. Und es führt kein Weg an ihm vorbei.

Ganz herrlich!

Genervt mache ich den Wagen aus, drehe die Lautstärke des Radios runter und warte, dass vor mir irgendetwas passiert. Meine Finger trommeln aufs Lenkrad und ich beginne, meinen Bruder zu verwünschen. Er weiß genau, dass diese Geburtstagsfeier ins Haus steht, und er weiß auch, dass unsere Mutter diese mitorganisieren wird. Immerhin kennt sie alle Leute, die tatsächlich an dem Event teilnehmen müssen. Ich nicht.

Aber das hat ihn nicht daran gehindert, völlig überstürzt zu heiraten, Sonderurlaub zu beantragen und mit seinem schwangeren Weib, nunmehr meine Schwägerin, noch schnell zu flittern, bevor das Babygeschrei ins Haus steht. Womit wir ja auch beim eigentlichen Grund meines Hierseins angekommen sind. Meine Nichte.

Sie ist die Ursache, weshalb ich hinter diesem stinkenden Vehikel zum Stehen komme. Denn hätte meine Mutter nicht versprochen, diese eine Woche auf die bezaubernde, aber neuerdings leider schulpflichtige Elena zu achten, würde nicht ich hier stehen … Nein, es wäre meine Mutter … die ja ihre eigenen Tochterpflichten an mich abgetreten hat.

Wundervoll! Ganz vortrefflich!

In meinem Auto ist es schrecklich stickig, aber ich traue mich nicht, mein Fenster zu öffnen. Wer weiß schon, welches Aroma mich dann umgeben wird. Der aus dem Anhänger vor mir aufsteigende Dampf verheißt zumindest keine Frischluft. Ungeduldig werfe ich einen Blick auf meine Uhr.

Herrje, Oma sitzt bestimmt auf heißen Kohlen.

Ältere Leute haben ja für gewöhnlich alles, nur keine Zeit. Dann tut sich was … die Türe des Treckers öffnet sich schwungvoll. Schwarze, ungeschnürte Boots erscheinen in meinem Blickfeld, eine dunkle Arbeitshose und dann folgt auch schon der Rest.

Endlich.

Dann geht es ja wohl gleich weiter. Meine Hand liegt längst am Zündschlüssel, bereit zur Weiterfahrt, da holt der Kerl eine Packung Prinzenrolle aus der Seitentasche seiner Hose, knibbelt an der Verpackung und beißt beherzt … in einen Keks?! …

Ja, spinne ich denn? Das kann doch nicht sein Ernst …

Sofort liegt meine Zündschlüsselhand auf der Hupe. Lautstark macht sie sich meinem Ärger Luft. „Du Penner, ich habe keine Zeit für deine Knopperspause.“ Er versteht meine Worte wahrscheinlich nicht. Meine Fenster sind noch immer geschlossen, meine Hupe grässlich dröhnend.

Langsam dreht er den Kopf in meine Richtung, die Beanie tief in der Stirn, einen halben Keks noch in der Hand, grinst mir dieser Mensch süffisant entgegen.

Oh warte, Freundchen …

Ohne weiter darüber nachzudenken, reiße ich meine Autotür auf und steige aus dem Auto. Und stehe in einer Schlammpfütze.

Fantastisch!

Kurz bleibt mein Blick auf dem Malheur liegen, meine Hände ballen sich zu Fäusten, ich atme ganz tief in den Brustkorb und zwinge mich zu lächeln, ehe ich ihn ansehe.

„Entschuldigen Sie vielmals. Wann genau geht es denn weiter?“

Er zuckt mit den Schultern, schiebt sich den Rest seines zweiten Frühstücks in den Mund, kaut genüsslich.

„Keine Ahnung. Kommt darauf an …“

„Worauf genau kommt es denn an?“ Ich knirsche mit den Zähnen. Geduld zählt nun wirklich nicht zu meinen Stärken. Er fummelt erneut an der Verpackung, ehe er sich dazu herablässt, mir zu antworten.

„Wann der ADAC hier erscheint.“ Auffordernd hält er mir die Keksrolle unter die Nase. „Auch einen?“

Will der mich verarschen?

„Der ADAC?“ Ungläubig sehe ich ihn an. Auf das Angebot, mich an seinen Süßigkeiten zu vergreifen, gehe ich erst gar nicht ein.

Grinsend schüttelt er den Kopf, schiebt letztendlich die Verpackung wieder in die Tasche. „Genau, Schätzchen. Der ADAC. Der kommt immer hierher, wenn ein Traktor liegen bleibt.“

SCHÄTZCHEN????

Ich glaube, ich habe mich verhört.

„Verzeihung, aber ich muss hier wohl mal etwas klarstellen. Ich habe es wirklich verdammt eilig. Und für dumm verkaufen müssen Sie mich auch nicht.“

Ich schiebe meine Haare hinter die Ohren. „Und Ihr *SCHÄTZCHEN* bin ich noch lange nicht, Sie Idiot."

Ich dachte, Ochsen stehen hier für gewöhnlich auf der Weide und nicht an einem meterlangen, stinkenden Güllewagen angelehnt.

Er zieht belustigt eine Augenbraue in die Höhe. „Hoppla, da hat aber jemand schlecht geschlafen."

Ehe ich hierauf etwas erwidern kann, klingelt es irgendwo an seinem Körper. „Das ist bestimmt der ADAC, *Schätzchen*." Damit dreht er sich weg und verschwindet lässig langsam aus meinem Sichtfeld, während er das Gespräch entgegennimmt.

Hübscher Arsch. In jeglicher Hinsicht.

„Aaaarrrgh", entfährt es mir, wobei ich mir nicht ganz sicher bin, ob es meinem letzten Gedanken geschuldet ist oder der Tatsache, dass mich dieser Bauer hier einfach stehen lässt.

Wütend lasse ich mich seitlich auf meinen Sitz fallen und versuche, die sumpfige Schweinerei von meinen Schuhen zu klopfen. „Alte Scheiße, das passiert doch alles nicht wirklich." Vor mich hin murmelnd starte ich meinen Wagen und versuche, rückwärtsfahrend zur letzten Abzweigung zu kommen.

Den amüsierten Blick, den er mir noch zuwirft, als er meinen startenden Motor vernimmt, ignoriere ich dabei geflissentlich.

Das Ganze kostet mich eine weitere halbe Stunde Fahrt.

Als ich endlich auf dem kleinen Hof vor dem Haus

meiner Oma zum Stehen komme, steht sie bereits ungeduldig auf der Schwelle. „Luisa, ich dachte schon, du kommst gar nicht mehr."

„Entschuldige bitte, Oma, ich musste auf der Landstraße wieder zurück. Irgend so ein Hirni ist mit seinem Gefährt direkt vor mir zum Liegen gekommen. Also musste ich …" Sie unterbricht mich unwirsch: „Jaja, aber du hättest ja mal anrufen können. Ihr habt doch alle diese neumodischen Dinger zum Telefonieren. Der Braten ist bestimmt schon zerfallen und die Kartoffeln matschig."

Weg ist sie, wieder auf dem Weg in ihre Küche. Und ich schicke ein Stoßgebet in den Himmel, dass ich nicht zur Familienmörderin mutiere.

Das wird eine Superwoche.

Kapitel 2

Oma beruhigt sich schnell wieder, und nachdem sie mir den Teller ein weiteres Mal gefüllt hat, wird die Türe zur Küche aufgerissen und ein Teenager stürmt den Raum. „Oma Leni, Papa meint, ich könnte heute hier essen. Er ist liegen geblieben und muss auf Onkel Paul warten, dass er ihn mit dem Tieflader wegholt." Sie drückt *meiner* Oma einen Kuss auf die Wange und lässt sich auf die Sitzbank plumpsen. Ein wenig angewidert nehme ich ihre tiefschwarzen Fingernägel zur Kenntnis und die Tatsache, dass diese Göre mich wie Luft behandelt. Und meine Oma lächelt nur und erhebt sich erneut, um diesem Fratz das Essen zu servieren. „Natürlich, mein Schatz. Er hat mich schon angerufen und mir Bescheid gegeben." Bei dem Wort *angerufen* kann sie es sich nicht verkneifen, mich noch einmal von der Seite vorwurfsvoll anzuschielen.

Ich gehe einfach darüber hinweg und beobachte lieber das dunkelblonde Mädchen, das mich bisher wenig bis gar nicht beachtet hat.

Kurz räuspere ich mich. „Ich bin übrigens Luisa … und meinst du nicht, du solltest dir zuerst die Hände waschen?"

Die Augen des kleinen Schmierlappens werden kugelrund, als sie mich mit einer Mischung aus Entsetzen und Trotz ansieht. „Bist du meine Mutter, oder was?"

Ich verschlucke mich fast an meiner Kartoffel, die ich mir soeben in meinen Mund geschoben habe.

Tatsächlich ergreift meine Oma für mich Partei. „Teresa, manchmal würde dir eine Mutter wirklich guttun und jetzt steh auf und wasch dir die Hände." Mit einem Schnauben wirft das Kind die Gabel lautstark auf den Teller zurück und schlurft in Richtung Badezimmer.

Staunend sehe ich ihr hinterher. „Wer, bitte schön, ist das denn, *Oma Leni*?"

„Die Tochter von Henning Josten. Er hat vor ein paar Jahren den alten Karsten-Hof übernommen." Sie bedenkt mich erneut mit einem kritischen Blick. „Würdest du öfter kommen, wäre diese Frage überflüssig."

Natürlich musste das jetzt kommen …

„Oma, du weißt genau, dass ich viel zu tun habe."

„Jaja, ihr jungen Leute habt einfach keine Zeit mehr für die Familie. Das hätte es früher nicht gegeben. Meine Eltern hätten mir die Hölle heißgemacht."

Innerlich stöhne ich dramatisch auf. „Ach Omilein …", ich erhebe mich und räume mein Geschirr in die Spülmaschine. „Bald sind ja alle hier, um deinen Geburtstag zu feiern."

Sie prustet unwillig. „So viel Tamtam wegen einer alten Frau. Schade, dass ich dafür erst 85 Jahre werden muss."

„Wer feiert?" Teresa hat ihren Waschgang anscheinend beendet, denn sie sitzt mit sauberen

Fingern wieder am Tisch.

„Ich, mein Schatz, in der alten Scheune. Und meine ganze Familie wird mich beehren.“ Die Art, wie sie die Worte betont, lässt vermuten, wie unsinnig sie die Idee findet, ihren Geburtstag derart groß zu begehen. Aber bitte, meine Idee war es schließlich auch nicht.

„Dann ist ja endlich mal wieder was los hier.“ Sie spricht mit vollem Mund. Ich bekomme eine Gänsehaut.

Wer hat dieses Kind nur erzogen?

Aber ich spare mir eine weitere Rüge und nehme meine Reisetasche, um in das Zimmer einzuziehen, welches in der kommenden Woche mein Zuhause sein wird.

Die Daunendecke scheint das Bett zu erdrücken. In den dicken Federn werde ich auf keinen Fall schlafen können, so viel steht mal fest. Es ist Spätsommer und nicht dickster Winter.

Beim Anblick der geblümten Tapete muss ich lächeln. Nichts hat sich in diesem Haus verändert. Ein Strauß frisch gepflückter Wiesenblumen schmückt die alte Spiegelkommode aus heller Eiche. Der klobige Kleiderschrank mit seinen großen Messingschlüsseln ist ein wahres Wirtschaftswunder. Hier ist die Zeit irgendwie stehen geblieben.

Auf meinem Nachttischchen liegen Omas selbst gehäkelte Deckchen und das laute Ticken der Wanduhr wird mich sicherlich um den Schlaf bringen.

Oma hat recht. Ich habe sie vernachlässigt. Das letzte Mal muss bereits 4 Jahre her sein, dass ich sie besucht habe.

Mit leicht drückendem Gewissen ziehe ich die schweren, bodenlangen Gardinen zur Seite, um das Fenster öffnen zu können. Der Ausblick in den großzügigen Obstgarten hinter dem Haus weckt Kindheitserinnerungen.

David, der sich im Apfelbaum versteckt, die selbst gebackenen Kuchen mit mächtig viel Sahne, die alten Scheunenfeste, der Jahrmarkt im Herbst auf dem Marktplatz. Das alles scheint so lange her zu sein, dass es fast schon nicht mehr wahr ist.

Als Kind war es das Schönste, die Ferien hier zu verbringen. Hier gab es keine festen Schlafenszeiten, keine lästigen Pflichten wie Hausaufgaben oder Lernen. Hier durfte man Kind sein. Schwimmen im nahe gelegenen Baggerloch, Opas Traktor fahren, über Zäune klettern und bei der Ernte helfen, oder eben auch nicht.

Tief nehme ich die Erinnerungen in mich auf und beginne damit, mein Hab und Gut in die Schränke zu räumen. Das Klingeln meines Handys reißt mich aus meinen Gedanken.

Dass ich hier überhaupt Empfang habe …

„Kind, ich wollte nur hören, ob du gut angekommen bist?“

„Ja, Mama, bin ich. Ich räume gerade meine Tasche aus. Und zu Hause? Alles in Ordnung?“ Ich höre das Klappern von Geschirr im Hintergrund.

Eine doofe Angewohnheit meiner Mutter, immer zwei oder drei Dinge gleichzeitig zu erledigen, wenn sie telefoniert.

„Mama, es ist laut, kannst du nicht einfach nur mal telefonieren?"

Sie schnauft. „Luisa, es kann dich doch nicht stören, wenn ich gleichzeitig die Küche aufräume, während wir miteinander sprechen." Es wird dennoch ruhiger. „Ich wollte dir auch eigentlich nur Bescheid geben, dass David und Anna gut angekommen sind. Und dir noch mal danken, dass du dir die Zeit genommen hast, Oma unter die Arme zu greifen, bis ich nachkomme."

Wie schön für David und Anna, dass sie sich jetzt eine Woche in der spanischen Sonne rekeln können.

„Keine Ursache, Mama. Tante Claudia wird ja wohl auch in vier Tagen ankommen. Wir werden das Kind schon schaukeln."

„Das ist gut. Ich komme, sobald die beiden wieder gelandet sind. Solltest du in der Zwischenzeit Probleme haben, ruf mich an, ja?"

„Mama, was soll es denn für Schwierigkeiten dabei geben, so eine blöde Geburtstagsfeier zu organisieren?" Ein wenig genervt schiebe ich meine leere Reisetasche unter das Bett.

Meine Mutter atmet hörbar ins Telefon. „Selbstverständlich keine. Aber denke daran, alle anzurufen, und verschicke die Karten rechtzeitig. Nicht, dass hinterher einer sagt, er hätte zu spät davon erfahren und keine Zeit, um zu kommen. Oma freut sich doch so, wenn sie alle noch mal wiedersieht."

Mir platzt gleich der Kragen. Nicht, dass sie mir bereits vor meiner Abfahrt genauste Instruktionen gegeben hat, nein, sie hat mir auch eine ellenlange Liste in die Hand gedrückt, in der jedes kleinste Detail bereits ausgearbeitet und berücksichtigt ist. Als wäre ich ein kleines Kind.

„Ja, das werde ich wohl hinkriegen. Ich lege jetzt auf, ja? Wir sprechen uns später." Ich lasse mich rücklings auf das Bett fallen, das mich immer wieder leise quietschend auf und ab federt. *Super Matratze.*

„Sag Oma, ich melde mich heute Abend bei ihr, ja? Hab dich lieb." Jetzt muss ich doch lächeln.

„Ich dich auch. Grüße an Papa und Elena."

Tief in den Daunen vergraben schließe ich einen Moment meine Augen. Ich hoffe doch sehr, dass ich diese Woche halbwegs gut hinter mich bringe. Denn auch wenn ich es meiner Mutter gegenüber niemals zugeben würde, habe ich fast ein wenig Angst vor diesem Fest. All diese Verwandten, die mir früher schon ständig in die Wange gekniffen haben. Ich wollte es nie wieder hören, dieses *Ach bist du aber groß geworden* … und dieses *Du siehst aus wie dein Großvater* … Na, vielleicht kann ich die Gesichtskneiferei ja ruhigen Gewissens an meine Nichte Elena abtreten. Immerhin ist sie jetzt das Frischfleisch in dieser Familie.

Als ich wieder die großzügige Küche betrete, ist

Teresa verschwunden und meine Oma schiebt ein riesiges Blech Kuchen in den Ofen.

„Oma, sag nicht, du machst einen Pflaumenkuchen?“ Voller Vorfreude klatsche ich in meine Hände. *Lecker!*

Sie lächelt verschwörerisch. „Na hör mal, Luisa kommt mich besuchen und ich backe ihr keinen Pflaumenkuchen? Das hat es noch nie gegeben.“ Sie zwinkert mir zu. „Außerdem kommt der alte Paul zum Kaffee, sobald er Henning geschleppt hat. Und ich wette, wenn der hört, dass es Pflaumenkuchen gibt, lässt er sich auch nicht zweimal bitten.“

Na, dann kann ich mir den Vater dieses Rotzlöffels ja mal direkt genauer ansehen.

„Vielleicht kannst du den Tisch im Garten decken? Es ist schönes Wetter heute, dann können wir draußen sitzen.“

Gut gelaunt mache ich mich ans Werk. Vielleicht ist es doch nicht so übel, einige Zeit hier zu verbringen. Auch wenn mir das wahrscheinlich drei Pfund mehr auf die Hüften bringen wird. Es dauert auch nicht lange und das ganze Haus duftet nach Kuchen.

Als ich mit der Thermoskanne Kaffee den Garten betrete, stürmt ein riesiges zotteliges Etwas kläffend auf mich zu. Mein Herz bleibt einen Augenblick stehen, ehe es wie wild gegen meinen Brustkorb schlägt. Mit einem Satz rette ich mich zurück ins Haus, bevor dieses Vieh mich anspringt. Mit einem Knall fällt das Insektenschutzgitter hinter mir zu und ich habe schon die Befürchtung, dass das Ungetüm keinen Halt davor machen wird, sondern einfach weiterstürmt. Ohne Rücksicht auf vorhandene Hindernisse. Doch er setzt sich schwanzwedelnd auf die Veranda und fixiert mich mit seinen riesigen schwarzen Augen, die unter einem Berg von Fell zu verschwinden drohen.

Mir zittern die Knie.

„Bootsmann, du sollst nicht immer wegrennen." Die Stimme kommt aus dem Garten, aber ich traue mich noch nicht, meinen Blick von dem Monster zu nehmen. Während besagtes Monster hechelnd und grinsend, *ich könnte schwören, es grinst mich an*, einfach sitzen bleibt. Und mich zwingt, den sicheren Abstand beizubehalten.

Guter Gott, wer schafft sich denn freiwillig so einen Hund an?

Die Antwort folgt auf dem Fuße. In ungeschnürten Boots und einer dunklen Arbeitshose. Die Beanie-Mütze hat er wohl zu Hause gelassen. Dunkelblonde Locken fallen ihm in den Nacken, und als er den Kopf hebt, blicken mich dunkle Augen zuerst entschuldigend an. Dann erkennt er mich wieder und ich kann dem Spott regelrecht dabei zusehen, wie er von seinem Gesicht Besitz ergreift.

„Hallo Schätzchen. Du hast doch wohl keine Angst vor Hunden, oder?" Sein Mundwinkel verzieht sich zu einem halbseitigen süffisanten Lächeln und am liebsten würde ich ihm eine verpassen.

Ein wenig zu heftig öffne ich das Fliegengitter

wieder, nicht ohne mich noch mal zu vergewissern, dass er den Hund auch ordentlich am Halsband hält.

Meine Augen schießen Blitze in seine Richtung. „Das gibt es doch nicht. Sind Sie nicht in der Lage, diesen Flohteppich anständig zu erziehen? Und noch mal, ich bin niemandes Schätzchen.“ Damit rausche ich an ihm vorbei und höre sein Kichern, als er das Haus betritt, welches ich soeben verlassen habe.

Geht denn jeder hier ungefragt ein und aus?

Ich muss dringend mit Oma ein ernstes Wort sprechen.

Das Fellmonster hat sich zwischenzeitlich auf der Veranda niedergelassen. Den Kopf auf seine Vorderpfoten gelegt – Pranken wäre wohl der treffendere Ausdruck.

Ganz super.

Wie soll ich an dem vorbeikommen, bitte schön?

Ich atme tief durch die Nase ein und aus und setze mich erst mal auf einen der Gartenstühle. Himmel, mein Puls rast noch immer, während ich die Türe beobachte, durch die dieser Bauer soeben verschwunden ist. *Verdammt, er sieht ziemlich gut aus.*

Ich puste mir Luft unter den Pony. Meine Wangen brennen. Es kann doch nicht sein, dass ich dieses selbstgefällige Arschloch anziehend finde?

Pah, wer steht denn schon auf Locken? Ich doch bestimmt nicht.

Dann höre ich sein Lachen. Tief, männlich. Mir wird warm und mein Magen beginnt zu flattern.

LUISA SCHWARTZ! Reiß dich am Riemen!

Kapitel 3

Meine Oma himmelt ihn an. Das ist mir sofort klar, als er mit ihr wieder im Garten erscheint, das heiße Kuchenblech fest in der Hand.

„Oma Leni, das duftet einfach himmlisch. Du machst den besten Pflaumenkuchen, den ich jemals gegessen habe."

Hat man so was schon gesehen? Was für ein elendiger Schleimer …

Helene Kappelmann sieht das offensichtlich anders. „Junge, du sollst nicht immer so etwas sagen." Verlegen legt sie eine Hand auf seinen Unterarm. *Einen wirklich beeindruckenden Unterarm.* Er hat die Ärmel seines Hemdes hochgekrempelt und die wohldefinierten Muskeln lassen erahnen, wie der Rest seines Armes aussehen mag.

„Nein, das ist mein völliger Ernst. Wärst du nicht heimlich in Paul verliebt, ich würde dich glatt vom Fleck weg heiraten."

Ich pruste verächtlich. Und meine Oma läuft tatsächlich rot an. Bis in die Haarwurzeln. *Und wer ist Paul, verflucht?*

„Sieh nur, Luisa, das ist Henning Josten. Der, der den Karsten-Hof übernommen hat. Habe ich dir vorhin von erzählt." Sie kann den Blick gar nicht von ihm nehmen.

„Wir kennen uns bereits, Oma Leni." Er platziert das Blech gekonnt zwischen den Tellern und Tassen auf dem Gartentisch.

„Ja genau, *Oma Leni*, er ist der Grund, warum ich erst so spät hier war. Es war sein Traktor, der vor mir verreckt ist." Dann wende ich mich an den Schleimer, „wie ich sehe, konnte das Problem behoben werden."

Kurz hebt er den Kopf in meine Richtung, scheint mich mit seinem Blick zu durchbohren. Ich muss mich räuspern. Der Kerl macht mich eindeutig nervös. Er scheint es zu merken, denn es bilden sich kleine Fältchen um seine Augen und seine Mundwinkel verziehen sich fast unmerklich nach oben. „Sicher, Schätzchen." Er spricht leise. Das war nur für meine Ohren bestimmt.

Was für ein blasierter Fatzke. Meine bissige Antwort wird durch erneutes Gekläffe verschluckt. Teresa begrüßt den Hund und lässt sich von ihm durchs Gesicht lecken. *Geht es noch ekeliger?* Dann setzt sie sich zu uns an den Tisch. Erneut ungewaschen und fragwürdig riechend. Ich rümpfe meine Nase. „Wo kommst du denn her? Du stinkst wie ein Schweinestall." Dieses Mädchen geht mir wirklich auf die Nerven. Vielleicht sollte ihr mal jemand verklickern, dass man sich in ihrem Alter lieber mit Make-up und Mode beschäftigt als mit … ja, mit was beschäftigt sie sich eigentlich?

Ich ernte erstaunte Blicke für meine offenen Worte. Sowohl vom Vater als auch von der Tochter. Während der Vater jedoch in schallendes Gelächter ausbricht, ernte ich von der Tochter eher patziges Unverständnis. „Im Gegensatz zu dir weiß ich wenigstens, wie ein Schweinestall von innen aussieht."

Ich schnappe nach Luft. So etwas Freches ist mir selten untergekommen.

Henning Josten beugt sich über den Tisch, nimmt sich ein großzügig geschnittenes Stück Pflaumenkuchen.

„Teresa, Luisa hat wirklich recht. Du duftest nicht unbedingt wie eine Blumenwiese. Zieh dir erst etwas anderes an. Vielleicht solltest du vorher duschen gehen." Henning schmunzelt noch immer in sich hinein. Oma Leni nickt bestätigend und Teresa schiebt geräuschvoll den Stuhl zurück.

„Echt jetzt, Papa? Bist du etwa auf ihrer Seite?" Entsetzt starrt sie ihren Vater an, ehe sie mich mit ihren Augen erdolcht. Ich würde wohl auf der Stelle tot vom Stuhl fallen, wenn sie ein mentales Medium wäre oder Ähnliches. Papa ignoriert ihre Frage einfach, Teresa verzieht sich beleidigt und ich lebe noch.

Und schon bin ich der Kinderschreck.

„Vielleicht sollte man ihr mal Manieren beibringen." Ich entscheide mich für ein wesentlich kleineres Stück Pflaumenkuchen und schlage mir dafür eine ordentliche Sahnehaube auf den Teller. Gerade als ich mir den allerersten Bissen in den Mund schieben möchte, bemerke ich die auf mir ruhenden Blicke. Ich halte in der Bewegung inne. „Habe ich etwas Falsches gesagt?" Keiner antwortet mir, sie sehen mich einfach an. Ich lasse meine wundervoll sündig gefüllte Gabel sinken, sehe zwischen meiner Großmutter und Herrn Josten hin und her.

Meine Oma schüttelt den Kopf und Henning Josten zieht seine Augenbrauen ein wenig grimmig zusammen.

Ich zucke mit den Schultern und koste endlich meinen Kuchen.

~oOo~

So, das ist also Helenes Enkelin. Henning hätte es sich bereits denken können, als dieses Pastellpüppchen hinter seinem Traktor zum Stehen gekommen ist. Irgendwie hatte er direkt das Gefühl, dass er sie wiedersehen würde. Dass er damit recht behalten hat, lässt ihn innerlich auflachen. Das hat hier gerade noch gefehlt. Ein besserwisserisches Weib in völlig unbrauchbarer Kleidung für das Landleben und mit Haaren auf den Zähnen.

Er kann nur für sie hoffen, dass sie wenigstens ein paar Gummistiefel im Gepäck hat.

Er beobachtet sie aus dem Augenwinkel. Wie sie genießerisch die Augen schließt, während sie ihren Kuchen isst. Wahrscheinlich verbietet sie sich sonst derlei Kalorienbomben. Er mag Frauen mit ein wenig Fleisch auf den Rippen. Er hat noch nie verstanden, was Männer an diesen dürren Gerippen finden, an denen man sich nur Splitter zieht, wenn man sie anfasst.

Aber an Luisa ist alles richtig. Das hat er dann doch schon für sich feststellen können. Die rotbraunen Haare trägt sie schulterlang, schiebt sie ständig in einer unbedachten Geste hinter ihre kleinen Ohren. Sie hat ein winziges Muttermal, das eben immer genau in diesen Momenten zum Vorschein kommt. Ihre graugrünen Augen funkeln, wenn sie sich aufregt. Und das tut sie wirklich zur Genüge.

Und ihm macht es sichtlich Spaß, sie aufzuregen.

~oOo~

Es ist nicht so, dass ich seine versteckten Blicke nicht bemerken würde. Da muss er sich schon mehr Mühe geben. Aber ich kommentiere sie nicht. Ich lasse mich nicht mehr von ihm herausfordern. Denn genau das will er damit bezwecken. Mich mit irgendeiner blöden Bemerkung auf die Palme zu bringen, zum Beispiel mit seinem ständigen *Schätzchen.*

Na, auf so Typen kann ich gerne verzichten.

Aber ich gestehe, er lässt mich ein wenig hibbelig werden. Seine dunklen Augen haben irgendetwas, was meinen Unterleib nervös werden lässt. Seine gerade Nase, der schön geschwungene Mund, das Grübchen am Kinn. Die Bartstoppeln, die seine Wangen zieren. Diese Lachfältchen um seine Augen.

Und dennoch, er ist ein Bauer. Durch und durch. Ungehobelt und derart uncharmant, dass es mich wundert, wie er überhaupt an eine Tochter kommt. Wahrscheinlich hat er die Mutter keulenschwingend und kraftstrotzend an den Haaren in die nächste Scheune geschleppt, sich anschließend auf seine Brust geschlagen und laut in die Welt gebrüllt *Ich habe Feuer gemacht.*

Ja, so muss es wohl gewesen sein. Denn Aussehen allein ist schließlich nicht alles.

Mit einem lauten Quietschen öffnet sich das Tor zum Garten und ein älterer Mann mit Latzhose und kariertem Hemd kommt auf uns zu. Bevor er uns erreicht, zieht er sich den Hut vom Kopf und fährt sich mit der Hand über seine gepflegte Halbglatze. Das Strahlen, das durch das Gesicht meiner Oma fährt, ist nicht zu übersehen. *Das ist also Paul.*

„Henning, ich habe ihn auf deinem Hof abgestellt. Wenn du später noch Hilfe brauchst, lass es mich wissen."

„Ich denke, jetzt komme ich klar. Vielen Dank, Paul."

Der Alte nickt, dann bleibt er vor mir stehen. „Sie müssen Lenis Enkelin sein. Luisa, stimmt´s? Ich bin Paul. Paul Hansen." Sein Lächeln ist freundlich, offen. Ich mag ihn und ergreife die mir dargebotene Hand.

„Und Sie sind dann wohl der ADAC."

Henning Josten verschluckt sich an seinem Kaffee. Ich muss schmunzeln.

Paul stutzt kurz, bis ich abwinke. „Es freut mich sehr, Sie kennenzulernen. Man erzählte mir, Sie kümmern sich um die liegen gebliebenen Landfahrzeuge."

Er kratzt sich peinlich berührt am Hinterkopf. „Ohh, ja. Ich habe einen Tieflader, damit klappt es am besten."

„Dann hat Herr Josten wohl Glück, dass Sie ihm helfen konnten."

Paul Hansen kann diese versteckte Stichelei selbstverständlich nicht einordnen, doch ich sehe ihm an, dass er sich irgendwie geschmeichelt fühlt, dass ich Anteil nehme an der wichtigen Rolle, die er hier auf dem Land einzunehmen scheint.

Und Henning Josten sitzt breit grinsend auf seinem Stuhl und mustert mich mit einem Blick, der mich erschaudern lässt.

Ich fürchte, ich habe soeben den Gong zur nächsten Runde geschlagen.

Nun gut, ich bin bereit.

Kapitel 4

Der Nachmittag vergeht wie im Flug und ehe ich mich versehe, ist mein erster Tag auf dem Land bereits vorbei. Letzten Endes lasse ich mich doch in diese Daunen fallen und ziehe mir die Decke bis unters Kinn, inhaliere den Duft nach Weichspüler und im Freien getrockneter Wäsche und schlafe fast augenblicklich ein. Das Landleben macht wirklich schläfrig.

Lautes Vogelgezwitscher reißt mich aus meinen Träumen. Im ersten Moment bin ich ein wenig orientierungslos. Dann fällt mir alles wieder ein.

Diese verstörende Begegnung mit Henning Josten.

Mein Herz beginnt wie wild zu klopfen, wenn ich an den Ausdruck in seinen Augen denke, als er sich mit einem „Wir sehen uns bestimmt morgen, Schätzchen" verabschiedet hat. Ich verstecke mein Gesicht verschämt im Kopfkissen. Himmel, ich muss ein wenig auf mein Mundwerk achten. Das bringt mich noch mal in Teufels Küche.

„LUUUIIIISAAAAAAA, komm endlich frühstücken. Es ist schon nach acht." Das schrille Schellen meines Weckers könnte nicht wirkungsvoller sein als dieser morgendliche Weckruf meiner Oma. Ich stöhne auf.

Ich habe Urlaub, verdammt. Und noch leide ich nicht unter seniler Bettflucht.

Aber wach bin ich sowieso schon und einen Kaffee könnte ich auch gut vertragen. Also schwinge ich mich aus dem Bett, putze schnell meine Zähne und laufe die Treppe hinunter, gelockt vom duftenden Koffeinversprechen.

Tja, und da sitzen alle versammelt um den reich gedeckten Tisch. Und wenn ich sage *alle*, dann meine ich auch *ALLE*. Eine saubere Teresa, die sich mit einer Dame unterhält, die ich heute zum ersten Mal sehe. Paul, der in eine Flüsterei mit meiner Großmutter vertieft ist, und natürlich Henning Josten. Der mich auch noch als Erster erblickt.

Mich, in meinen viel zu kurzen Shorts, meinem Trägertop und sonst gar nichts. Sein Blick wandert über meine nackten Beine, heftet sich einen Augenblick zu lange auf meine Brüste und endet schließlich in meinem dezent erschrockenen Gesicht.

Er hebt mir seinen Kaffeebecher entgegen und zieht die Augenbrauen widerlich selbstgefällig in die Höhe. Ich schnappe nach Luft, doch ehe ich den Rückzug antreten kann, um mein Outfit zu überdenken, hat auch der Rest des Tisches mich zur Kenntnis genommen.

„Na endlich, Kind. Setz dich hin und nimm dir einen Kaffee. Wir sind gleich schon fertig." Über meinen Aufzug verliert Oma Leni kein Wort. Lediglich beim Anblick meiner nackten Füße runzelt sie die Stirn. „Willst du dir den Tod holen? Wirklich, zieh dir was an die Füße."

„Ach was, lass sie doch. Sie sieht hungrig aus, vielleicht sollte sie erst mal etwas essen." Mein Kopf schnellt in Henning Jostens Richtung und hätte ich Schuhe an, hätte ich gezielt. Mitten auf seine Stirn. Und die hätte ich getroffen.

Er verbirgt seinen schadenfrohen Gesichtsausdruck hinter seiner Tasse, aber seine Augen blitzen, dass ich mit den Zähnen knirschen muss, um nicht irgendetwas wirklich Böses zu sagen. Immerhin sitzen Kinder am Tisch. Wobei … Teresa sieht nicht so erfreut aus, mich wiederzusehen. Sie mustert mich von oben bis unten und wendet sich entnervt wieder der anderen Frau am Tisch zu. „Das ist sie, Tante Klara. Und die spielt sich auf, als hätte sie mir was zu sagen." Besagte Tante Klara tätschelt verständnisvoll Teresas Hand und bedenkt mich dennoch mit einem mitfühlenden Blick. „Vielleicht möchten Sie sich doch erst mal etwas Richtiges anziehen. Sie sehen so aus, als hätten Sie nicht mit diesem Begrüßungskomitee gerechnet, Luisa."

Dankbar erwidere ich ihr Lächeln und stürme ohne ein weiteres Wort die Treppe wieder hoch, schlage die Türe zu meinem Zimmer hinter mir zu.

Und da ist er auch schon.

Der Kollaps.

Ich atme tief in meinen Brustkorb. Ein und aus. Ein und aus. Und noch mal. Am liebsten würde ich heute einfach hierbleiben. In diesem Zimmer. Weit weg von diesem Volk.

Und vor allen Dingen weit weg von diesem Yeti.

Himmel, wie er mich gemustert hat. Mein ganzer Körper prickelt, das Blut schießt nur so durch meinen Kreislauf und sammelt sich im unteren Bereich. Zwischen meinen Schenkeln.

Das darf doch wohl nicht wahr sein. Ich bin doch irgendwie geistig umnachtet, wie mir scheint.

Wütend reiße ich eine Hose und ein Shirt aus dem Schrank. Erst mal brauche ich eine Dusche. Eine kalte.

Deutlich gefasster und hoch erhobenen Hauptes betrete ich eine halbe Stunde später erneut die Kampfarena. Man sitzt noch nett beisammen, gefrühstückt wird offensichtlich nicht mehr. Ich lasse mich auf den Stuhl neben Oma fallen und greife nach einem der verbliebenen Brötchen.

„Ah, es gibt dich also auch in Jeans, Schätzchen." Henning beugt sich über den Tisch.

Was soll man darauf antworten?

„Schade, meinetwegen hättest du die kurze Hose anbehalten können." Ich ziehe scharf die Luft ein, was er durchaus bemerkt. „Ich hatte schon die Befürchtung, in deinem Koffer gibt nur Kostümchen und Blüschen." Jetzt zwinkert er mich auch noch an. Natürlich spielt er auf meinen Rock und die Bluse an, die ich gestern getragen habe. Aber bitte … so weit kommt es noch, dass ich mich rechtfertigen muss.

„Wie du siehst, stecke ich voller Überraschungen", erwidere ich mehr als bissig. Es wird mir zu mühsam, ihn zu siezen. Immerhin scheint er auch nicht viel von Höflichkeitsfloskeln zu halten.

„Mmh, ich bin gespannt …“ Damit lehnt er sich wieder zurück und vertieft sich in ein Gespräch mit Paul. Ich schließe kurz meine Augen und hoffe inständig, dass er gleich das Weite sucht.

~oOo~

Die Kleine hat es wirklich in sich. Selten hat ihn eine Frau derart gereizt. Aber bei dieser hier kann er einfach seine Klappe nicht halten. Wie sie eben in der Tür gestanden hat … in dieser winzigen Hose und dem Top … Er hört das Rauschen hinter seinen Ohren. Irgendwas läuft hier mächtig schief.

~oOo~

„Oma, sollen wir nachher schon mal über die Blumen sprechen, die du für deinen Geburtstag bestellen möchtest?“ Ich brauche Ablenkung. Und wieso sollte ich nicht das anstehende Geburtstagsfest zum Anlass nehmen, mein Gegenüber einfach zu ignorieren. Und je schneller ich mit den Vorbereitungen fertig bin, desto eher kann ich endlich wieder nach Hause fahren. Ganz ehrlich, auch wenn ich gestern noch der Meinung war, dass diese Woche nicht so schlimm werden könnte, heute sieht das definitiv schon anders aus.

„Später, Luisa. Ich werde gleich erst mit Klara zum Gemeindehaus gehen. Da ist heute Frauentreff, wir backen immer den Kuchen für sonntags."

„Oma, wir müssen wirklich damit anfangen. Sonst schaffen wir das nicht. Ich habe nur diese Woche Urlaub."

Und von den Kommentaren meiner Mutter mal ganz abgesehen. Irgendwas muss ich schon nachweisen können, wenn sie am Freitag hier aufschlägt.

„Jaja, wir werden das schon noch schaffen. Morgen ist auch noch ein Tag. Lege dich heute einfach mal in die Sonne. Du bist so fürchterlich blass."

Ich starre an die Decke. Ich weiß, dass Helene Kappelmann es nicht leiden kann, wenn man um sie so ein Theater macht. Aber ich habe mir diese Feier schließlich nicht ausgedacht. Gut, meine Oma ebenso wenig. Dennoch, sie könnte kooperativer sein.

Hier ticken die Uhren anscheinend anders. Also erhebe ich mich, räume das restliche Geschirr vom Tisch und ergebe mich meinem Schicksal.

Was bleibt mir auch anderes übrig?

Als hätten alle nur darauf gewartet, löst sich die morgendliche Versammlung langsam auf und verschwindet durch die Türe. Und ehe ich mich versehe, bin ich alleine in der Küche … mit Henning. Er tritt hinter mich. Zu nah. Stellt seine Tasse neben mir auf den Spültisch. Und bleibt genau dort stehen.

„Ist noch was?“ Die Schärfe in meiner Stimme lässt selbst mich aufhorchen.

„Nein. Was sollte sein?“

Ich sehe ihn nicht an, spüre aber seinen Blick auf mir ruhen.

„Keine Ahnung. Deshalb frage ich.“ Ich lasse Spülwasser einlaufen, und das, obwohl es einen Geschirrspüler gibt.

So viel Verwirrung!

Als er nichts mehr erwidert, riskiere ich einen Blick. Und erwische ihn dabei, wie er mich taxiert. Mit seinen dunklen Augen. In mich hineinsieht.

Und ich werde tatsächlich rot.

Ich, Luisa Schwartz, bekomme die Schamesröte nicht aus dem Gesicht.

Das passiert äußerst selten.

„Kein Grund, die Farbe zu wechseln, Schätzchen.“ Wieder dieser selbstgefällige Gesichtsausdruck und wieder habe ich dem nichts entgegenzusetzen. *Wie kann das sein???*

„Ich glaube, das Frühstück ist beendet. Du kannst durchaus damit beginnen, den Kuhstall auszumisten, oder was auch immer du sonst so tust um diese Tageszeit.“ Ich bin wütend.

Wütend über meine Reaktion, darüber, dass er es schafft, mich aus der Reserve zu locken, und dass er dazu in der Lage ist, mich mundtot zu bekommen.

Er lacht. *Man stelle sich das mal vor!*

Leise, aber kraftvoll.

Die feinen Härchen in meinem Nacken stellen sich senkrecht und eine Gänsehaut läuft mir über die Wirbelsäule.

„Ich mach dich doch wohl nicht nervös, oder Luisa?"

Das ist das erste Mal, dass er mich bei meinem Namen nennt. Und man hört einen Hauch von … von … ja, von was heraus?

Ich kann es nicht deuten, aber die Art, wie er den Namen *Luisa* modelliert, lässt mich innerlich erzittern.

Ich presse meine Lippen aufeinander, wage es nicht, ihn anzusehen. Auch wenn ich mir bewusst darüber bin, dass er mich gerade studiert.

Seine Augen liegen auf meinen Bewegungen, während er lässig cool mit dem Rücken gegen die Arbeitsplatte gelehnt steht. Mir rutscht eine Kaffeetasse aus der Hand und zerschellt am Boden in kleine Scherben.

„Verdammte Scheiße." Ich blicke auf die Bescherung neben meinen Füßen. Und doch kann ich nicht in die Hocke, und den Mist beseitigen. Nicht, solange er so neben mir steht und mich beobachtet. Irgendwie widerstrebt es mir, vor ihm in die Knie zu gehen.

Doch das scheint auch gar nicht nötig zu sein. Henning scheint diese Hemmung nicht zu teilen und ehe ich mich versehe, klaubt er die kleinen und großen Keramikscherben mit den Händen zusammen.

Und mir bleibt nichts anderes zu tun, als ihm dabei zuzusehen.

Wie er mir seinen netten, wohlgeformten Hintern entgegenreckt.

Nein, dieser Hintern ist mehr als nett.

Das muss ich neidlos anerkennen. Alles an ihm ist mehr als nett. Seine muskulösen Oberarme, diese männliche Brust, die sich durch sein T-Shirt erahnen lässt. Sogar den Locken kann ich etwas abgewinnen.

Ich nage an meiner Unterlippe. Er sieht es, als er sich wieder erhebt.

Doch er kommentiert es nicht mit Worten. Er stellt sich derart nah neben mich, dass ich seinen Atem heiß auf meiner Haut spüren kann. Ich beobachte wie gebannt seinen Brustkorb, der sich unter seiner Atmung hebt und senkt. Seinen Schritt nach vorn. Fast bin ich versucht, meine Augen zu schließen und meinen Kopf anzuheben. Seine Hand streift meine Schulter, als er an mir vorbei die Scherben auf der Spüle ablegt.

Seine Lippen kräuseln sich, er ist sich seiner Wirkung auf mich durchaus bewusst. „Du brauchst dich nicht zu bücken, ich hebe das schon für dich auf." Ein gehauchtes Flüstern. Zu nah an meinem Mundwinkel.

Mein Herz setzt einige Schläge aus, ehe mir bewusst wird, in welcher Lage ich mich befinde. Dass ich ihm mich gerade auf dem Präsentierteller dargeboten habe. Erneut werde ich rot, senke meinen Blick sekundenschnell auf meine Schuhe.

„Ich gehe dann mal den Kuhstall misten." Belustigt klopft er kurz auf die Arbeitsplatte und schon bin ich alleine in der Küche.

Das Bedürfnis, mich zu setzen, ist enorm. Doch stattdessen kralle ich meine Finger in die Arbeitsplatte und lege meine Stirn gegen den Hängeschrank vor mir.

Was immer hier gerade passiert, gesund ist das nicht.

Ich brauche einige Zeit, um mich wieder zu fangen. Und um mir selbst ins Gesicht zu schreien.

Seit wann bin ich denn so niederschmetternd durchschaubar? Und seit wann schafft es ein Mann, mich aus dem Konzept zu bringen? Noch dazu irgendein dahergelaufener Bauer?

Luisa, ich muss mich doch schwer über dich wundern!

Kapitel 5

Völlig ereignislos dümpelt dieser Tag so vor sich hin. Ich liege auf dem alten Liegestuhl, den ich im Schuppen aufgetan habe. Es ist noch warm genug für einen Bikini. Also entschließe ich mich, Omas Ratschlag zu folgen, und vertrödele den Tag mit einem guten Buch in der Sonne.

Ich muss eingenickt sein. Denn als mich die Hundezunge ableckt, trifft mich gleichzeitig der Schlag. Alles in mir schnürt sich zusammen und vor Schreck bleibt meine Atmung einfach aus.

„Ohh, fuck!“ Wie von der Tarantel gestochen springe ich aus dem Stuhl und gebe dem Hund damit die Gelegenheit, an mir hochzuspringen. Entsetzt starre ich auf ihn herab, während Henning völlig anteillos am Gartenzaun lehnt. Die Arme vor der Brust verschränkt.

„Sag mal, geht's noch?“ Fassungslos starre ich ihn an, versuche den Hund abzuwehren.

„Du sahst so überhitzt aus. Und nachdem du auf meine Frage nach deinem Befinden nicht geantwortet hast, dachte ich, es wäre höchste Zeit, dich abzukühlen.“

Das sagt er mit einer solchen Selbstverständlichkeit, dass ich ihn einfach nur wortlos angaffen kann.

Er hat doch nicht wirklich den Hund auf mich losgelassen, oder?

„Wo lebt ihr hier eigentlich? Hinter dem Mond?“ Sofort beginne ich zu zittern. Dieses sabbernde Fellmonster hat mich aus dem Schlaf gerissen. Mit einer labberigen Hundezunge, die mir über die Haut geleckt hat.

Oh Gott, wie ekelhaft!

Ich habe es früh genug bemerkt, ehe er noch mein Gesicht ins Visier nimmt, aber es ist durchaus genug, um mich völlig aus der Fassung zu bringen.

Henning studiert angelegentlich die Fingernägel seiner rechten Hand. „Himmel, Schätzchen, das ist doch nur ein Hund. Und er ist auch noch entwurmt. Du stellst dich vielleicht an …“

„Da kann ich ja von Glück sagen, dass das Monstrum gesund ist.“ Mein Puls rast, meine Hände ballen sich zu Fäusten.

„Dann hoffe ich mal für mein *Monstrum*, dass *du* es auch bist. Nicht auszudenken …“

Jetzt schlägt es aber dreizehn. Wo, in Gottes Namen, bin ich hier nur gelandet? Und was findet dieser Kerl nur für eine diebische Freude daran, mich derart zu provozieren?

Wutschnaubend klaube ich mein Buch von der Wiese und stürme an ihm vorbei ins Haus. So ein Vollidiot. Was bildet der sich eigentlich ein? Und was macht er überhaupt schon wieder hier? Ich habe ihn jedenfalls nicht eingeladen. Und die Tatsache, dass meine Oma immer noch mit ihrer Freundin Klara unterwegs zu sein scheint, lässt vermuten, dass er aus freien Stücken aufgetaucht ist.

Ich werfe meine Sonnenliegenlektüre mit voller Wucht auf das Bett. Vielleicht sollte ich einen Spaziergang machen. Das soll ja im Allgemeinen dabei helfen, Aggressionen abzubauen. Wenn ich Henning Josten schon nicht zusammenschlagen darf.

Meine Jeans und das Shirt von heute Morgen hängen ordentlich über dem Stuhl neben meinem Bett, also bin sehr schnell wieder auf dem Weg nach draußen. Von meinem ganz persönlichen Peiniger ist nichts mehr zu sehen, als ich den Weg Richtung Marktplatz einschlage.

Tief durchatmen, Luisa!

Ich bin wirklich sehr gespannt, was sich in der Zeit meiner Abwesenheit alles verändert hat.

Mit jedem weiteren Schritt steigt meine Laune wieder an. Das Wetter ist viel zu schön, um sich den Kopf über den Dorfarsch zu zerbrechen.

Die kleine Apotheke, der winzige Tante-Emma-Laden an der Ecke und auch die Drogerie, alles ist noch genauso, wie in meiner Erinnerung. An dem Eisdielen-Café von Josefine Schubert gönne ich mir ein riesiges Eishörnchen mit Streuseln und Extrasahne, eben genauso wie ich es am liebsten mochte, als ich ein junges Mädchen war.

Welch Nostalgie.

Erstaunlicherweise erkennt sie mich sofort wieder.

Nun gut, ich darf den Dorfklatsch nicht unterschätzen. Dass Helenes Enkelin zu Besuch ist, hat sich hier wahrscheinlich schneller rumgesprochen, als ich die Telefonnummer meiner Oma in mein Handy getippt habe, um sie von meinem Kommen zu unterrichten.
Sie freut sich jedenfalls ehrlich darüber, mich wiederzusehen, löchert mich nach David, von dem sie bereits weiß, dass er verheiratet ist, fragt nach meinen Eltern und ringt mir das Versprechen ab, in den nächsten Tagen noch mal vorbeizuschauen.

Ich suche mir ein lauschiges Plätzchen auf einer Bank, mitten am Marktplatz, schlecke mein Eis, genieße diese himmlische Ruhe und beobachte die wenigen Menschen, die an mir vorüberziehen. Einige grüßen mich freundlich, wieder andere sehen mich einfach neugierig an.

Ein großgewachsener, sportlicher Mann trägt seine Einkaufstasche aus dem Supermarkt und kramt in seiner Jacke nach dem Autoschlüssel zu dem Jeep, der direkt davor parkt. Dabei bemerkt er anscheinend nicht, dass ihm sein Portemonnaie aus dem Jutebeutel fällt, der zum Bersten gefüllt ist. Ich schüttele meinen Kopf, ob dieser genetisch bedingten Ungeschicklichkeit.

Das ist doch typisch Mann. Frauen nehmen für diese Menge Einkauf mindestens zwei Taschen.

Schon alleine, um das Gleichgewicht besser halten zu können.

Seufzend erhebe ich mich von meinem sonnigen Plätzchen und eile über den Marktplatz. Doch noch ehe ich ihn erreiche, ist er auch schon in sein Auto gestiegen und um die Ecke gefahren.

Die Geldbörse liegt auf dem Bordstein, wartet ziemlich offenkundig auf ihren Finder.

Tja, das bin dann ja wohl ich.

Prächtig!

Geschmackvolles Rindsleder. Jetzt will ich nur hoffen, dass es mir eine Adresse offeriert, bei der ich meinen Finderlohn einfordern kann. Nicht, dass ich noch stundenlang mit dem Auto rumgurken muss, um es seinem rechtmäßigen Besitzer zurückgeben zu können.

Ich arbeite mich durch die Fächer und finde einige Visitenkarten, Geldscheine, keine Fotos. Seinen Führerschein.

Dann will ich mal nicht für ihn hoffen, dass er genau jetzt von der Polizei angehalten wird.

Da ist er ja … sein Personalausweis. Matthias Brennecke.

Oha, wie nett.

Ein attraktives Gesicht lächelt mir entgegen. Blondes Haar, Augenfarbe blau, Größe 1,91 m.

Meine bevorzugte Männergröße … wenn das kein Omen ist …

Die Adresse kenne ich auch. Direkt um die Ecke. Da ich die Strecke zu Fuß zurücklegen kann, überlege ich nicht lange.

~oOo~

Henning hätte sich etwas durchaus Schöneres vorstellen können, als den ganzen Nachmittag in dieser Tierarztpraxis zu sitzen und darauf zu warten, dass irgendjemand, im Zweifel dann ja wohl Matthias, sich um die Scherbe in Bootsmanns Pfote kümmert. Er hätte sie ihm auch selbst entfernt, allerdings sitzt sie so tief, dass er befürchtete, nicht alles von ihr zu erwischen.

Dass es immer irgendwelche Idioten gibt, die ihre Flaschen auf die Straße werfen. Sollte er jemals jemanden dabei auf frischer Tat ertappen, dann helfe ihm Gott.

Sein sonst so temperamentvoller Hund liegt wie ein Häufchen Elend zu seinen Füßen, jault vor sich hin und bedenkt ihn immer wieder mit einem flehenden Blick – ganz als wollte er danach fragen, wann er endlich an die Reihe käme. Liebevoll krault er ihn hinter seinen Ohren, um ihn zu beruhigen.

Eigentlich verschlägt es ihn eher selten in die Tierarztpraxis von Matthias Brennecke. Denn Freunde sind Matthias und er wahrlich nicht. Ganz im Gegenteil.

Am liebsten sehen sie sich von hinten. Doch seinem Hund zuliebe lässt er heute mal fünfe gerade sein.

„Henning, du kannst mit Bootsmann rein gehen. Matthias ist sofort bei euch."

Gaby Proske steht abwartend in der Tür. Ihre blonden Haare zu Zöpfen geflochten, schenkt sie ihm ihr verführerischstes Lächeln, während ihn ihre blauen Augen anschmachten.

Sie wird niemals aufgeben, ihn davon zu überzeugen, noch mal mit ihr auszugehen. Sie ist hübsch, ja, aber es hat einfach nicht gefunkt. Bei ihm zumindest nicht. Also hat er nach dem zweiten Date, einem flüchtigen Kuss und geschätzten 150 Nachrichten auf seinem Anrufbeantworter jeden weiteren ihrer Annäherungsversuche direkt im Keim erstickt.

Es ist nicht direkt Langeweile, die er mit ihr verbindet, aber sie fordert ihn einfach nicht heraus. Im Gegenteil.

Am liebsten hätte sie ihn sofort eingesperrt und ihm ihr Brandzeichen auf die Stirn gedrückt. Er wusste sofort, dass sie bereitwillig sein Bett geteilt hätte, wenn er es darauf angelegt hätte. Und immer, wenn sie sich mehr oder weniger zufällig über den Weg laufen, beginnt es von Neuem. Sie ruft ihn an, bittet ihn um ein unverbindliches Essen oder um seine Hilfe, weil irgendeines ihrer Haushaltsgeräte den Geist aufgegeben zu haben scheint.

Ein weiterer Grund, warum er diese Tierarztpraxis normalerweise meidet.

Unverbindlich lächelt er zurück und deutet seinem Hund, ihm zu folgen. Bootsmanns Gehumpele schnürt ihm den Hals zu. Er kann es nicht ertragen, dass es ihm schlecht geht. „Komm, Junge, gleich wird's besser."

Nein, Gaby ist nicht das, wonach er sucht.

Sucht er überhaupt irgendetwas?

Eigentlich hat er sich dieser Frage bereits seit Jahren nicht mehr gestellt. Nicht mehr, seitdem Marie ihn verlassen hat. Ihn mit einem kleinen Kind einfach zurückgelassen hat. Lediglich ein Schmierzettel mit einigen Zeilen zu seiner Kenntnis.

Ich halte das nicht mehr aus.
Ihr müsst mir verzeihen, ich suche mein Glück woanders.

Tja, und da stand er nun. Eine fünfjährige Tochter, die ständig fragt, wann ihre Mama endlich nach Hause kommt, einen Job, der mit Kind einfach nicht wirklich zu schaffen war, und einer Wut im Bauch, die ihn schier verrückt werden ließ. Aber er hat es versucht. So viele Jahre. Alles unter einen Hut zu bekommen. Kind, Job, ja und irgendwie auch den Haushalt. Doch als IT-Spezialist wurde von ihm verlangt, immer wieder längere Auslandsaufenthalte in Kauf zu nehmen. Es wurde immer schwieriger, Teresa dabei gerecht zu werden. Also hat er irgendwann gekündigt, ist sich seiner Wurzeln bewusst geworden und hat hier einen leer stehenden Hof übernommen. Die Landwirtschaft wurde ihm immerhin in die Wiege gelegt. Sein Vater, sein Großvater und sogar sein Urgroßvater waren bereits

Landwirte. Als er jung war, hätte er sich das niemals vorstellen können. Er topedierte jeden Versuch seines Vaters, ihn an den elterlichen Hof zu binden. Am Ende war es sein Bruder, der das Familienerbe statt seiner angetreten hat.

Mit Maries Flucht verschwanden nach und nach allerdings auch Hennings Skrupel und Vorsätze, sich niemals eine solche Verantwortung ans Bein zu binden.

Für Teresa hat er genau das getan … er ist irgendwie doch in seines Vaters Fußstapfen getreten.

Wenn auch nur in stark reduzierter Ausführung eines Landwirts. Das zum Hof gehörende Land hat er verpachtet. Lediglich eine große Weide vor dem Haus und die Scheune nutzt er selbst. Für eine Ziege und drei Pferde. Auch den Hühnerstall hat er restauriert. Auf Frühstückseier muss man ja nicht unbedingt verzichten.

Er hat einen eigenen IT-Service aufgebaut. Nur eben von zu Hause aus und völlig selbstständig. Was sein Dasein als alleinerziehender Vater ungemein erleichtert hat.

Und wenn ihn doch sein genetisches Erbe packt, greift er Paul tatkräftig unter die Arme. Der Alte hat selbst keine Kinder und ist daher mehr als dankbar über Hennings Hilfe.

Und gerade als sein eigenes Leben wieder in ruhigeren Bahnen zu laufen beginnt, übernimmt sein Schwager, Maries Bruder, genau in diesem Ort die Tierarztpraxis.

Und sucht den Kontakt zu Teresa. Wahrscheinlich auch, um ihrer Mutter zu berichten, dass es ihrem Kind gut geht.

Das war eindeutig zu viel für Henning.

Scheiße, sie hat ihn und das Kind verlassen.

Mit einer Schmierzettelnachricht.

Nichts und niemand sollte ihr jemals wieder übermitteln, wie es Teresa ergangen ist nach ihrem Verschwinden.

Und schon gar nicht sein Schwager, ihr Bruder.

Leider hat sich Teresa an Onkel Matthias zu sehr gewöhnt, als dass er besonderen Einfluss darauf hätte haben können. Sie hilft oft in der Praxis aus, kümmert sich um die Übernachtungspatienten. Dennoch. In diesem Punkt ist Henning äußerst nachtragend.

Ihn hätte Marie verlassen dürfen, aber niemals ihre Tochter. Jetzt steht er vor Bootsmann und wartet darauf, dass die Scherbe endlich aus der Pfote entfernt ist, damit er so schnell als möglich hier verschwinden kann.

~oOo~

Kapitel 6

Als ich die Tür zur Tierarztpraxis öffne, die sich hinter der Adresse auf dem Ausweis zu verbergen scheint, schlägt mir sofort der Geruch nach feuchtem Hund entgegen.

Ich mag Tiere. Im Großen und Ganzen. Wirklich. Aber hier wohnen? Denn laut Ausweis ist das eine Wohnadresse.

Eine blonde Frau, ungefähr in meinem Alter, sitzt hinter der Anmeldung und füllt irgendwelche Formulare aus.

„Guten Tag. Ich gehe davon aus, dass ein Herr … Matthias Brennecke … hier wohnt?“ Ich lese den Namen von seinem Personalausweis ab. *Die Adresse stimmt.*

Die Dame mir gegenüber zieht fast entsetzt die Augenbrauen in die Höhe, als sie bemerkt, was ich mir dabei zu Hilfe nehme. Sie räuspert sich kurz. „Dr. Brennecke gehören diese Praxis und das Haus.“

Ach, schau an. Ein Doktor.

„Super. Dann bin ich ja wirklich richtig. Er hat sein Portemonnaie verloren. Ich habe es gefunden und möchte es ihm gerne wieder zurückgeben.“

Die Lady sieht mich an, als hätte sie ein Gespenst gesehen. „Und? Kann ich ihn nun sprechen?“

„Sie können es auch mir geben, er hat Patienten.“ Die Musterung meiner Person ist wenig unauffällig.

Und ihr Ton schnippisch. Fast so, als hätte sie mich beim Wildern in ihrem Revier erwischt.

Na klar. Ich bin auf der Suche nach einem tendenziellen Ehemann. Und dein Boss ist in der engeren Wahl.

Ich beachte ihre Hand gar nicht, die sie mir entgegenstreckt, um die Geldbörse an sich zu nehmen.

„Dann warte ich einfach einen Moment, bis er Zeit für mich hat."

Dagegen kann sie anscheinend nichts mehr sagen, denn ehe Frau Vorzimmer noch etwas erwidert, setze ich mich auf einen der Stühle und warte. Dabei grinse ich ihr ins Gesicht.

Und sie zieht die Hand wieder zurück, nicht ohne mich noch mal mit einem vernichtenden Blick zu strafen.

Autsch.

Mit einem arroganten Kopfschütteln vertieft sich das Blondchen wieder in ihre Formulare. Das gibt mir die Gelegenheit, sie mir ebenfalls genauer anzusehen.

Hübsch ist sie, das muss man ihr lassen. Blonde Haare und blaue Augen sind ja von Natur aus schon ganz brauchbar.

Aber Zöpfe? In ihrem Alter? Also bitte.

Meine Nichte trug Zöpfe bei ihrer Einschulung.

Mehr habe ich dazu nicht zu sagen.

Plötzlich öffnet sich die Türe zu einem der Behandlungsräume und ein riesiger Hund humpelt winselnd in meine Richtung.

Och nö.

Ich brauche keine Fantasie, um ihn zu erkennen. Er anscheinend auch nicht. Als er schwanzwedelnd vor mir stehen bleibt, klopfe ich ihm vorsichtig auf seinen Kopf. „Da bist du wohl doch nicht so gesund, wie mir dein Herrchen Glauben machen wollte, hmm?“

Aus dem Augenwinkel bekomme ich noch mit, wie der Zopflady die Kinnlade herunterfällt, als sie die Zusammenführung von Bootsmann und mir mitbekommt.

Das ist ja äußerst interessant.

Mir bleibt jedoch nicht allzu viel Zeit, darüber nachzudenken, denn genau in diesem Moment betreten Henning Josten und Matthias Brennecke ebenfalls meinen Wartebereich. Sie sind so vertieft miteinander, dass ich die Gelegenheit dazu nutze, den Veterinär genauer unter die Lupe zu nehmen.

Seine Haare sind einige Nuancen heller als Hennings, aber auch um einiges kürzer. Seine Augenbrauen sind grimmig zusammengezogen. Also hat auch er Probleme mit Hennings Erscheinung.

Das lässt ihn mir direkt sympathisch erscheinen, obwohl ich noch kein Wort mit ihm gewechselt habe.

Sie sind in etwa gleichgroß, obwohl Henning eindeutig den besseren Körperbau hat. *Das muss ich ihm schon zugestehen.*

Dr. Brennecke wirkt eher schlank. Henning dagegen muskulös.

Ein Bauer eben.

Bootsmann leckt meine Hand, als wollte er mich daran erinnern, ihn zu kraulen.

„Nicht, du dummer Hund.“ Ich wollte gar nicht so laut werden. *Wieso muss er aber auch immer seine Zunge ins Spiel bringen?*

Beide Herren drehen sich in meine Richtung.

Auf Hennings Gesicht kann ich die Überraschung lesen und das Unverständnis. Er kann meine Anwesenheit hier anscheinend nicht mit der Tierarztpraxis in Verbindung bringen. Fast hätte ich über diese Mimik gelacht. Aber eben auch nur fast.

„Matthias, diese Frau hat dein Portemonnaie gefunden. Sie wollte warten, bis du Zeit hast.“

Der Ton der Blondine lässt keinen Zweifel darüber offen, dass sie meine Gegenwart für überflüssig hält.

Henning starrt mich noch immer ungläubig an.

Das wird ihm auch augenblicklich bewusst und er beginnt zu hüsteln, während ich ihn breit angrinse. *Ertappt, mein Freund!*

Dr. Brennecke hingegen fasst sich verstört an sein Jackett, welches er gar nicht trägt, und wird ein wenig blass um die Nase, als ihm bewusst wird, wie dumm es war, seine Geldbörse inmitten seiner Einkäufe zu deponieren.

Welches Glück er doch hat, dass es mich gibt.

„Das ist doch nicht die Möglichkeit! Wo habe ich nur meinen Kopf, dass ich es noch nicht mal gemerkt habe?“ Verwundert über sich selbst läuft er auf mich zu und schenkt mir ein strahlendes, glückliches Lächeln. *Was für ein netter Mann.*

„Wie kann ich Ihnen nur danken, Frau …?“ Er reicht mir seine Hand. Ich ergreife sie. „Schwartz, aber sagen Sie ruhig Luisa. Und bitte, gern geschehen. Das war doch selbstverständlich." Sein Händedruck ist fest und trocken. Seine Fingernägel kurz und gepflegt. *Wirklich nett.*

„Luisa Schwartz? Dann sind Sie wohl Helenes Enkelin. Wie schön, Sie kennenzulernen. Wenn ich dabei auch zugeben muss, dass es mir ein wenig peinlich ist, dass Sie so direkt Zeugin meiner Schusseligkeit geworden sind." Er lässt seine geraden, weißen Zähne blitzen. Ich blitze zurück. „Wie kann ich mich erkenntlich zeigen?" Erwartungsvoll sieht er mich an.

Ich winke ab. „Das ist gar nicht nötig. Ich hatte ja nur ein paar Meter Fußweg."

Aber das will er nicht gelten lassen. Mir fällt Josefine ein und das Versprechen, sie erneut im Café zu besuchen. „Dann gehen Sie mit mir einen Kaffee trinken. Damit hätten Sie Ihrer Schuldigkeit Genüge getan."

Mit schräg gelegtem Kopf sieht er mich an. Seine blauen Augen funkeln. „Es ist mir ein ganz besonderes Vergnügen."

„Abgemacht." Ich lege ihm seinen Geldbeutel in die Hand.

„Gut, dann lassen Sie uns jetzt sofort losgehen. Denn eigentlich habe ich bereits Feierabend. Bootsmann war ein kleiner Notfall." Er dreht sich kurz in Hennings Richtung, der wie erfroren noch immer am gleichen Fleck steht und mich anstiert, als wäre ich eine Erscheinung der dritten Art. „Natürlich nur, wenn ich Sie jetzt nicht damit überfalle, Luisa?" Fragend mustern mich seine klaren blauen Augen.

„Nein, das tun Sie keineswegs, Herr Brennecke."

„Nennen Sie mich Matthias, bitte." Er entledigt sich seines Kittels, murmelt etwas zu der Dame am Empfang, die uns ebenfalls ganz genau beobachtet hat. Henning nimmt den Blick von mir, fährt sich durch seine Locken, nimmt Bootsmann am Halsband und verschwindet eine Verabschiedung murmelnd an mir vorbei aus der Praxis. Und ich kann ihm nur verwundert hinterhersehen.

Sonst ist er doch auch nicht auf den Mund gefallen.

~oOo~

Henning ist plötzlich fürchterlich gestresst. Nicht nur, dass ihn Matthias soeben darüber in Kenntnis gesetzt hat, dass seine Exfrau gedenkt, in der nächsten Zeit hier aufzutauchen. Nein, da sitzt auch noch Fräulein Vorlaut im Wartezimmer der Praxis und verabredet sich vor seinen Augen mit seinem Schwager ... Ex-Schwager.

Aber am allermeisten nervt ihn, dass er nicht mal weiß, warum ihn das so nervt.

Sie kann sich immerhin treffen, mit wem immer sie möchte. Wann immer sie möchte.

Wütend ballt er seine Hände zu Fäusten und rast fast die Straße entlang. Ein humpelnder Bootsmann hinter ihm. Als der Hund beginnt, leise zu winseln, wird ihm bewusst, wie bescheuert er sich gerade verhält. Er verringert sein Tempo, damit das Tier überhaupt eine Möglichkeit hat, trotz der verbundenen Pfote mit ihm Schritt zu halten.

„Entschuldige, Junge, ich wollte nicht so rennen. Aber soll ich dir was sagen? Das Weib macht mich völlig kirre." Bootsmann blickt ihn verstehend an und knurrt leise. „Ja, genau. Man sollte sie mal übers Knie legen und ihr ordentlich den Hintern versohlen." Er grinst. Alleine der Gedanke daran ist verlockend. Bootsmann bellt bestätigend und die beiden machen sich gemächlicheren Schrittes auf den Weg nach Hause.

~oOo~

Kapitel 7

Meine Verabredung ist ein voller Erfolg. Nicht nur, dass sich der Tierarzt als angenehmer Gesprächspartner herausstellt. Er ist auch noch zuvorkommend und ausgesprochen aufmerksam.

Matthias Brennecke hält mir die Türe auf, rückt mir den Stuhl zurecht. Bestellt für mich mit und redet nicht nur über sich selbst. *Wow!* Es gibt sie also auch in echt – diese tollen Männer, wie man sie aus den Sat1-Dienstagsfilmen kennt. *Nicht, dass ich mir diese ansehen würde.*

„Was machen Sie beruflich, Luisa?“ Er rührt sich Zucker in seinen Milchkaffee. *Aha, ein Süßmaul.*

„Ich bin seit etwa einem Jahr angestellte Rechtsanwältin in einer größeren Kanzlei. Hauptsächlich Zivilrecht.“ Meinen eigenen Kaffee lasse ich doch lieber schwarz.

„Das hört sich interessant an.“ Er stützt den Kopf auf seine Faust. Seine hellen Augen bilden einen tollen Kontrast zu seiner leicht gebräunten Haut. Seine Nase ist leicht schief, so als hätte er sie sich irgendwann mal gebrochen. Das macht sein Gesicht nur ausdrucksvoller. Seine Lippen sind voll. Unzählige kleine Fältchen um seine Augen verraten mir, dass er gerne lacht.

„Das kommt immer darauf an, von welcher Seite man es betrachtet. Die Juristerei ist eigentlich nichts anderes als das endlose Wälzen der nötigen Gesetzestexte, um die Lücke zu finden, die mich das Verfahren letztendlich gewinnen lässt." Ich sehe von meinem Kaffee auf, nur um festzustellen, dass sein Blick noch immer auf meinem Gesicht haftet. Ich muss unwillkürlich lächeln. „Also ist mein Job nicht halb so abwechslungsreich, wie es Ihrer ja zu sein scheint."

Mit einem Seufzen lehnt er sich in seinem Stuhl zurück. „Der Traumberuf des Veterinärs verliert seinen Glanz, nachdem man das erste Tier einschläfern musste, weil die Besitzer sich die teure Weiterbehandlung nicht leisten können oder wollen." Er zieht seine Augenbrauen in die Höhe und spielt mit seinem Kaffeelöffel.

„Hier, ihr zwei. Ihr beiden seht so aus, als könntet ihr etwas davon vertragen." Mit einem Augenzwinkern stellt Josefine je ein Stück Erdbeertorte vor unsere Nasen. Auf meiner Portion ist ein extra Klecks Sahne. Zumindest habe ich den Eindruck. „Himmel, Josefine. Das werden mir meine Hüften niemals verzeihen." Doch das Grinsen, welches sich in mein Gesicht schleicht, straft meine Worte Lügen. Josefine Schubert legt eine Hand auf Matthias' Schultern. „Na, der Herr hier wird das schon zu schätzen wissen." Damit dreht sie sich wieder um und verschwindet in den hinteren Teil des Cafés.

Matthias räuspert sich beschämt. „Es tut mir leid, aber meine Tante ist manchmal ein wenig voreilig."

Überrascht sehe ich ihn an. „Josefine ist Ihre Tante? Das wusste ich gar nicht."

„Ja, meine Schwester und ich haben hier all unsere Ferien verbracht." Er tunkt eine Erdbeere in die Sahne, ehe er sie sich in den Mund schiebt.

„Na so was. Mein Bruder und ich waren auch ständig bei meinen Großeltern zu Besuch."

„Wer weiß, vielleicht ist man sich ja damals schon begegnet." Er zwinkert mir zu. Dann beginnt sein Handy zu klingeln. „Entschuldigen Sie, Luisa, ich muss kurz …" Er erhebt sich vom Tisch, um ungestört zu sprechen. Das gibt mir die nötige Zeit, mich diesem verführerischen Kuchen zu widmen.

„Tja, so leid es mir tut, aber als Tierarzt stehen mir anscheinend keine freien Nachmittage zu." Etwas betreten steht Matthias vor unserem Tisch und steckt sein Telefon wieder zurück in die Innentasche seiner Jacke. „Ich habe einen Notfall, der leider nicht warten kann."

„Kein Problem. Ich denke, wir können das sicherlich wiederholen." Ein wenig schade finde ich es schon, dass er mich so fluchtartig verlassen muss. Zumal ich jetzt wieder darüber nachdenken muss, was ich mit dem Rest des Tages so anfangen soll.

„Ich würde Sie sehr gerne wiedersehen. Jetzt weiß ich ja, wo ich Sie erreichen kann. Vielleicht gehen wir essen?" Wieder zeigt er mir sein schönstes Zahnpasta-Lächeln.

Ist das wirklich ein Date, um das er mich bittet? *Super Quote, Luisa. Kaum einen Tag vor Ort und schon geht es rund.*

„Ja, das wäre nett."

Wir verabreden zu telefonieren und dann verschwindet er auch schon aus der Türe. Also entschließe ich mich, meinen Spaziergang fortzusetzen. Es ist bereits Nachmittag und ich habe Kalorien zu verbrennen.

Das Baggerloch ist nicht mehr einfach nur ein Baggerloch. Hier hat sich was getan. Eine große Liegewiese mit diversen Umkleidekabinen verrät mir, dass der See nicht mehr als der Geheimtipp gehandelt wird, der er noch in meiner Kindheit war. Es gibt sogar einen Kiosk. Da er jedoch geschlossen ist, gehe ich davon aus, dass die Saison entweder vorbei ist oder es aber einfach doch schon zu spät am Tag ist. Die späte Sonne spiegelt sich im Wasser und da ich meinen Bikini noch trage, denke ich nicht lange darüber nach, sondern entledige mich meiner Klamotten und sprinte in das kalte Nass.

Eine Ente flattert zornig schnatternd über das Wasser, als ich zu nah neben ihr wieder auftauche.

Es ist herrlich. Meine Haut prickelt und ich atme tief ein, während ich mich auf dem Rücken liegend einfach treiben lasse.

Aus dem Augenwinkel bekomme ich mit, wie jemand neben meinen Anziehsachen zum Stehen kommt und im See wohl nach mir Ausschau hält.

Ich kneife meine Augen zusammen, da ich eine Ahnung davon bekomme, wer genau dort steht und die Wasseroberfläche absucht.

Himmel, verfolgt der mich, oder was?

Mit gemächlichen Zügen schwimme ich zurück zum Ufer. Eigentlich habe ich keine Lust auf eine erneute Konfrontation mit diesem Idioten. Selbiger sitzt nunmehr auf der Wiese und grinst mir entgegen. „Ich wusste doch, dass mir die Klamotten bekannt vorkommen."

„Hätte ich gewusst, dass ausgerechnet du hier vorbeikommst, hätte ich sie im Gebüsch versteckt."

Er legt den Kopf in den Nacken und lacht. Tief, rau. Wieder prickelt meine Haut, doch ich versuche zu ignorieren, dass es dieses Mal nichts mit der Temperatur des Wassers zu tun hat.

Er trägt wieder seine Beanie. Und Laufschuhe.

Sein T-Shirt klebt ihm schweißnass am Oberkörper und lässt mich nicht nur erahnen, was sich darunter verbirgt.

Wie kann er es wagen, so verdammt heiß auszusehen?

Immerhin habe ich mich dazu entschlossen, ihn wirklich nicht zu mögen.

„Warum so bissig, Luisa? Verlief dein Kaffeetrinken mit dem Tierarzt nicht so, wie du es dir erhofft hast?"

Wieder kommt ihm mein Name über die Lippen und erneut werde ich das Gefühl nicht los, dass er ihn sinnlich lasziv ausatmet.

Ich gehe auf seine Frage gar nicht erst ein, sondern halte mich weiterhin tapfer über der Oberfläche.

Augenblicklich wird mir bewusst, dass ich nichts mitgenommen habe, um mich abzutrocknen.

„Was ist, traust du dich nicht aus dem Wasser?“

„Ich habe kein Handtuch.“

Er zieht die Augenbrauen in die Höhe. „Soll das heißen, du bist nackt?“

Hirni. „Nein, das soll heißen, dass ich frieren werde, wenn ich hier rauskomme.“

Er zieht sich sein eigenes Handtuch von den Schultern und hält es mir kommentarlos entgegen.

Hin- und hergerissen von dem Gedanken daran, dass er sich unablässig damit über sein Gesicht gewischt haben wird, während er hier Runde um Runde um den See gelaufen ist, und der Tatsache, dass ich mich nur zu gern in diesen Stofffetzen wickeln würde, beginnt es in meinem Bauchraum unangemessen zu flirren.

Ich bin jedoch nicht bereit dazu, das zuzugeben.

Weder vor mir noch vor Henning.

Also wate ich ans Ufer und nehme mit einem Nicken das Handtuch. Sofort umhüllt mich sein Geruch. Herb, männlich.

Für einen Moment schließe ich meine Augen. Das war definitiv ein Fehler. Diesen Duft werde ich niemals wieder los.

Als ich meine Augen wieder öffne, begegne ich Hennings Blick, der auf meinem Gesicht ruht. Der

Ausdruck in seinem Gesicht ist unergründlich und doch beginnt mein Blut zu rauschen und mein Puls erhöht sich.

Ich halte inne, unfähig auch nur mit den Wimpern zu zucken. Die Gänsehaut, die sich über meiner Wirbelsäule ausbreitet, lässt mich erschaudern. Ich fahre mit der Zunge über meine Lippen, im Unklaren mit mir selbst, was ich mit diesen Informationen anfangen soll, die mein Körper mir übermittelt. Und zwar unmissverständlich.

Spitze Luisa. Ausgerechnet der Bauer.

Ich habe eindeutig zu lange keinen Sex mehr gehabt!

„Du hast mir noch immer nicht geantwortet, Schätzchen. War der Kaffee mit dem Arzt zu bitter für dich?"

Seine Stimme erinnert mich an ein Reibeisen. Und sie reibt mir förmlich über meine Haut, trifft auf meinen Magen, der sowieso schon vor sich hin flirrt, und wandert tiefer. In meinen Unterleib, der sich zusammenzieht und zu pochen beginnt.

Hier fehlt doch wahrlich nicht mehr viel, um mich für komplett verrückt zu erklären.

Nicht mehr alle Tassen im Schrank. Ende der Diagnose.

„Für wen wäre das wichtig? Etwa für dich?" Ich fixiere ihn, ein Schatten huscht über seine Augen. Dann zieht er einen Mundwinkel aufreizend frech in die Höhe. „Nein, das würde mich nur in meiner Vermutung bestätigen, dass du wenig kompatibel bist mit dem männlichen Geschlecht."

„Bitte?“ *Da habe ich ihn wohl falsch verstanden.*

Ich will mir soeben meine Beine trocknen, baue mich nach diesen Worten jedoch sofort mit geradem Rücken zu meiner vollen Größe auf.

Er sitzt vor mir, die Beine angewinkelt, seine Arme hinter seinem Oberkörper abgestützt. Lässt die trainierten Muskeln seiner festen Waden tanzen und hält sein Gesicht in die Sonne. Er öffnet ein Auge, blinzelt mich an. „Das schockiert dich doch wohl nicht etwa? Mir bist du auch zu vorlaut.“ Damit schließt er sein Auge wieder und hebt sein Gesicht erneut ins Sonnenlicht.

Und ich nehme sein Handtuch und pfeffere es in seine dämliche Visage.

„Da muss ich dich aber enttäuschen. Wir haben uns zum Essen verabredet, nachdem ihm ein krankes Tier dazwischen gekommen ist.“

Henning schnappt überrascht nach Luft, als ihm das Frottee mitten auf der Nase liegen bleibt. Er wirft es neben sich auf die Wiese. „Na, dann wünsche ich dir viel Spaß.“

„Den werde ich bestimmt haben. Stell dir vor, im Gegensatz zu dir hat er sogar Manieren.“

Wieder ein Blinzeln in meine Richtung. „Wenn du dich da mal nicht täuschst, Schätzchen. Aber geh nur mit ihm essen.“

Ich stutze, während ich meine Jeans über meinen nassen Bikini ziehe. „Natürlich gehe ich. Oder hast du geglaubt, ich bitte dich um Erlaubnis?“

Er erhebt sich, sieht auf mich herab.

Schiebt seine Mütze wieder in die richtige Position. Einige seiner Locken fallen ihm auf die Stirn.

Ich starre auf das silberne Kreuz, welches an einer dicken Kette mitten auf seiner Kehle liegt. Sich mit seiner Atmung auf und ab bewegt. Er presst seine Lippen aufeinander, dann senkt er den Kopf.

Er will mich doch wohl nicht küssen?

Mein Herz klopft bis mir zum Hals und meine Handinnenflächen werden plötzlich feucht, während meine Augen auf seinen Lippen hängen, die mir immer näher und näher kommen. Aber statt seinem Mund, der sich auf meinen presst, spüre ich seinen Atem an meinem Ohr. „Du kannst tun und lassen, was immer du willst."

Ehe ich überhaupt begreife, was hier gerade geschehen ist, entfernt er sich im Laufschritt. Mir bleibt nichts anderes, als ihm hinterherzusehen.

Und es zu bedauern, dass er mich nicht geküsst hat.

Geht's noch???

Innerlich verabreiche ich mir direkt selbst eine bewusstseinserweiternde Ohrfeige.

Was, in Gottes Namen, war denn bitte das jetzt wieder?

Mein Blick fällt auf sein Handtuch. Ich nehme es einfach mit. Auf dem schnellsten Weg nach Hause.

~oOo~

Jetzt hätte nicht mehr viel gefehlt, und er hätte sie geküsst. Und er hat keine Ahnung, was da in ihn gefahren ist. Hätte er sich nicht von ihr weggedreht, dann …

Er läuft noch einige Kilometer, um mit sich wieder ins Reine zu kommen. Dieses Weib bringt ihn an seine Grenzen, er muss sich gar nichts anderes vormachen.

Wie sie vor ihm stand. In diesem knappen Bikini.

Himmel. Wann hat ihn eine Frau zuletzt derart aus der Ruhe gebracht?

Wütend reißt er sich die Mütze vom Kopf und wischt sich damit über seine Nasenwurzel. Er hat sein Handtuch liegen lassen.

Das Bild will nicht aus seinem Kopf verschwinden. Der Schauer, der ihr über die Haut gelaufen ist. Ihre Brustwarzen, die sich ihm durch das Bikinioberteil entgegengereckt haben. Der Hintern. Ihre halb geschlossenen Lider, als er sich zu ihr gebeugt hat. Sie schien fast darauf gewartet zu haben, dass er sie küsst. Sein Schwanz zuckt in seiner Hose und er legt noch einen Zahn zu, spürt, wie seine Lungen beginnen zu brennen.

Das stetige Knirschen unter seinen Sohlen wirkt beruhigend auf seine Nerven. Der Schweiß rinnt ihm in die Augen und er wird wieder langsamer. Shit, was macht er hier überhaupt?

~oOo~

Kapitel 8

Der Frauentreff ist anscheinend beendet, denn meine Oma steht in der Küche und bereitet das Essen vor, als ich wieder zu Hause ankomme. Meine Jeans klebt mir unangenehm am Hintern und mein Shirt über den Brüsten. Das nächste Mal werde ich Wäsche zum Wechseln mitnehmen.

„Gut, dass du kommst, Kind. Dann kannst du mir gleich helfen und schon mal den Salat vorbereiten." Ich sehe ihr über die Schulter und stibitze mir eine Tomate von ihrem Schneidebrett.

„Gern. Ich ziehe mir nur schnell etwas Trockenes an."

Sie sieht an mir herab.

„Wo warst du denn, dass deine Sachen so durchweicht sind?"

„Schwimmen. Und mein Bikini war noch nass."

„Woher ist das Handtuch?"

Es hängt über meinen Schultern, hüllt mich mit seinem Geruch ein. „Von Henning Josten. Er hat es am See liegen lassen."

Oma Leni hebt lediglich ihre Augenbrauen, beginnt zu schmunzeln und widmet sich wieder den Tomaten.

„Was? Ich habe es einfach mitgenommen." Meine Stimme ist viel zu schrill, als dass sie mir das abnehmen würde.

„Habe ich etwas gesagt?"

„Das nicht, aber dein Blick reicht schon. Ich war schwimmen und wir haben uns ganz zufällig getroffen."

Sie bekommt diese grässlich hochgezogenen Mundwinkel nicht in ihre ursprüngliche Position. Ich verschwinde die Treppe hinauf in mein Zimmer.

Zu meiner Erleichterung haben wir zum Essen keine Gäste. Ich erzähle von meiner Begegnung mit dem Tierarzt des Dorfes und seiner Einladung zum Essen.

„Das ist aber auch das Mindeste von Matthias, dass er dich zum Essen einlädt."

„Er ist wirklich sympathisch. Obwohl ich den Eindruck hatte, dass Henning diese Ansicht nicht teilt."

„Nein, die beiden verstehen sich nicht sonderlich gut. Matthias ist der Bruder von Hennings Exfrau. Das war keine schöne Geschichte damals."

„Hennings Exfrau?" Interessiert sehe ich sie an. Darüber möchte ich jetzt doch gerne mehr erfahren.

„Wieso war Henning denn in der Praxis?" Auf meine Frage geht die Mutter meiner Mutter gar nicht näher ein. Ich lasse allerdings nicht locker.

„Irgendwas mit dem Hund." Meine Gabel, auf der ein Stück Fleisch nur darauf wartet, von mir gegessen zu werden, zeigt vorwurfsvoll auf meine sich windende Großmutter. „Du hast meine Frage nicht beantwortet."

Sie zieht die Stirn kraus und sieht mich über den Tisch hinweg unwillig an. „Mit Bootsmann? Oh je, ich hoffe nichts Schlimmes.“

„Oma! Lenk doch nicht ab. Was ist das für eine Geschichte mit Hennings Exfrau?“ Ich schiebe mir das Stück Kotelett in den Mund, während meine Oma nur mit dem Kopf schüttelt.

„Luisa, ich bin doch kein Klatschweib. Das muss er dir erzählen. Du scheinst ja einen guten Draht zu ihm zu haben, wenn du schon sein Handtuch mit dir herumträgst.“

Ich winke ab. Auf die Geschichte mit dem Handtuch werde ich nun wirklich nicht näher eingehen. „Also ehrlich. Ich bin deine Enkelin, also erzähl schon.“

Mit einem dramatischen Seufzen nimmt meine Oma einen Schluck aus ihrem Wasserglas. „Teresa war noch ganz klein, ich glaube fünf oder sechs Jahre alt, als Marie die beiden verlassen hat. Sie hat einfach auf einen Zettel geschrieben, dass sie nicht mehr nach Hause kommen wird und weg war sie.“

Meine Augen werden kugelrund.

Mein lieber Mann, das ist starker Tobak.

„Ja, und dann? Lass dir doch nicht jedes Wort aus der Nase ziehen.“

Ergeben hebt mein Gegenüber beide Hände in die Luft. „Wehe du erwähnst auch nur mit einem Wort, dass ich dir die Geschichte erzählt habe. Sie ist Hennings wunder Punkt.“

„Oma, für wen hältst du mich?“ Ich sollte beleidigt sein.

„Luisa, so meine ich das nicht. Aber Henning hat wirklich unter der Trennung gelitten. Er wollte hier mit Teresa ein neues Leben beginnen. Tja, und als Matthias sich ebenfalls im Dorf niedergelassen hat, lag die Vermutung nahe, dass da mehr dahintersteckt. Er ist immerhin sein Ex-Schwager und steht noch mit Teresas Mutter im regen Kontakt. Die, wohlgemerkt, jegliche Beziehung zu Henning und ihrer Tochter abgebrochen hat.“

Ich staune. Welche Frau verlässt so mir nichts, dir nichts ihr Kind?

Den Mann, okay, das lässt sich vielleicht noch nachvollziehen.

Nichtsdestotrotz rückt das mein Bild von Henning Josten ein wenig in ein anderes Licht. Welcher Vater ist schon bereit dazu, sein Kind alleine großzuziehen.

„Wow, das muss hart sein. Auch für Teresa.“

„Ja, das stimmt. Obwohl ich glaube, dass sie ihrer Mutter nicht nachtrauert. Henning gibt sich wirklich Mühe. Und Matthias ist immerhin Teresas Onkel. Auch wenn er es nie erwähnt, aber ich glaube, dass er Marie ständig über ihr Leben hier berichtet.“

„Sie hat ihr Kind im Stich gelassen. Sie hat kein Anrecht darauf, zu wissen, wie es Teresa geht.“

Meine Oma nickt. „Das sind auch Hennings Worte. Aber sie ist nun mal ihre Mutter …“

„Die ihr Kind verlassen hat …“, unterbreche ich sie.

Oma zuckt mit den Schultern. „Wer weiß schon, was damals vorgefallen ist. Marie war schon immer speziell."

„Du kennst sie?" Jetzt bin ich doch erstaunt.

„Natürlich. Sie ist die Nichte von Josefine."

Ach ja, Matthias erwähnte das.

„Und er hat sie nie wiedergesehen? Ich meine Henning seine Frau?"

„Nein. Nur vor Gericht, glaube ich. Aber das ist auch schon Jahre her. Sie hat auf jegliche Unterhaltszahlung verzichtet, Henning das alleinige Sorgerecht übertragen und ist sofort wieder verschwunden."

„Meinst du, er liebt sie noch?" Ehe ich darüber nachdenken kann, ist der Satz über meine Lippen gekommen. Ich halte die Luft an, gespannt auf die Antwort. Irgendwie würde es mich gewaltig stören, sollte er noch etwas für diese Frau empfinden.

„Luisa, was stellst du nur für Fragen? Das musst du wohl selbst mit ihm besprechen. Also ehrlich …" Entrüstet beginnt sie, den Tisch abzuräumen. Dann trifft mich ihr aufmerksamer Blick. „Sag mal, kann es sein, dass deine Begeisterung für Henning Josten ein wenig tiefer geht?"

Jetzt bin ich diejenige, die sie nur völlig entgeistert ansehen kann. „Also Oma! Wie kommst du nur darauf? Der Kerl ist derart uncharmant, dass ich mich schon darüber wundere, dass du ihn so gut leiden kannst."

Sie beginnt zu kichern. „Sicher, Kind, wenn du es sagst …“

Ich schnaube wenig damenhaft und helfe ihr beim Abwasch.

Kapitel 9

Es ist Sonntag. Zu Hause bedeutet das ausschlafen.

Auf dem Land bedeutet das eben Kirche.

Ich bin kein spiritueller Mensch. Vielleicht auch nicht unbedingt gläubig. Zumindest nicht im christlichen Sinne.

Aber hier versteht man unter Kirche auch sehen und gesehen werden. Also ergebe ich mich meinem Schicksal und betrete neben Helene Kappelmann die Dorfkapelle, die sich stetig füllt.

Ich habe lange keinen Gottesdienst mehr besucht, bin mir aber sicher, dass ein wenig von Gottes Segen mir durchaus guttun könnte. Auch wenn ich mich weigere, auch nur ein einziges Lied mitzusingen.

Ich bin mir ziemlich sicher, dass das niemand hier hören möchte.

Der Gottesdienst entpuppt sich *Gott sei Dank* als kurzweilig und ehe ich mich versehe, verlassen wir auch schon wieder das Gotteshaus, auf dem Weg in die alte Dorfscheune.

Eben diese Scheune, in der auch die Geburtstagsfeier meiner Großmutter stattfinden wird. Wie so ziemlich jede andere Festlichkeit auch, die das Dorf aufzubieten hat.

Das gibt mir direkt die Möglichkeit, noch mal einen Blick auf die Gegebenheiten zu werfen und die gewonnenen Eindrücke für die weitere Festplanung zu nutzen. Immerhin war ich persönlich schon lange kein Gast mehr in dieser Scheune.

Meine Großmutter erfreut sich großer Beliebtheit im Dorf. Ständig werden wir in ein Gespräch verwickelt, sodass es Ewigkeiten dauert, bis wir unser Ziel erreichen. Auch ich schüttele unzählige Hände von Menschen, die der Meinung sind, mich schon ewig zu kennen. Auch wenn ich mich nicht mehr explizit daran erinnern kann.

Aber ich war ja auch schon lange nicht mehr hier.

Die Scheune hat sich von außen nicht großartig revolutioniert. Sie sieht genauso aus, wie man sich eine Scheune eben vorstellt. Ein robuster Holzbau mit ausladenden Toren. Sicherlich hat das Örtchen sogar einen eigenen Squaredance-Verein und irgendwo vermute ich auch einen mechanischen Bullen, an dem die Herren der Schöpfung zu Flaschenbier und Countrymusik ihre Ausdauer testen.

Mit einem Lächeln betrete ich das Innere. Die langen Tischreihen und Bierzeltbänke sind schon so gut wie besetzt, aber meine Oma steuert in den vorderen Bereich, direkt an der Bühne.

Na schau an, hier ist Platz für die Band und den Squaredance-Caller.

Vor meinem geistigen Auge sehe ich lauter Petticoats und Westernhemden zu seinen Ausrufen durcheinanderwirbeln. Amüsiert folge ich ihr durch das Getümmel und tatsächlich, als hätte sie jemand für uns freigehalten, lässt sie sich auf einem der Plätze nieder, gegenüber von Paul und Tante Klara, die eigentlich nicht meine Tante ist. Aber wen juckt das schon?

Das allsonntägliche Kaffeetrinken gehört hier ebenso zum guten Ton wie auch die gemeinsamen Erntedankfeste und der Osterschmaus am Ende der Fastenzeit. Das hat sich seit meiner Kindheit nicht geändert.

„Oma, hier ist ja wirklich reichlich Platz für deine Geburtstagsfeier."

Sie legt ihre Hand auf meine, drückt die Finger. „Luisa, natürlich. Hast du gedacht, nur weil wir hier auf dem Land leben, haben wir keine eigene Stadthalle?"

Ich muss lachen, ob ihres Vergleiches. Im Gedanken dividiere ich die zur Verfügung stehenden Sitzplätze durch unsere Familie. Erleichtert, dass ich in dieser Hinsicht nicht improvisieren muss. Auch, wenn ein Großteil der Dorfbewohner wohl ebenfalls anwesend sein wird.

„Was erheitert dich so, Schätzchen?"

Ich habe ihn nicht bemerkt und mein Herz macht einen unangemessenen Hüpfer, als er sich neben mir niederlässt. Überrascht presse ich meine Lippen aufeinander und atme tief durch die Nase ein.

Falscher Fehler, Luisa Schwartz!

Sein unverwechselbarer Geruch umnebelt sofort meine Sinne und das Blut rauscht großzügig durch meine Adern.

Ich rolle meine Zehen ein und beiße auf meine Unterlippe, versuche irgendwo in meinem Hirn eine schlagfertige Antwort zu finden.

So kann das nicht weitergehen. Er ist überhaupt nicht dein Typ!

„So sprachlos kenne ich dich ja gar nicht." Henning beugt sich über den Tisch, greift nach einer der unzähligen Thermoskannen, um seine Tasse mit Kaffee zu füllen. Ich habe keine Möglichkeit mehr ihn zu ignorieren. Er trägt ein weißes Hemd zu einer dunklen Stoffhose. Auf seinem glattrasierten Gesicht zeichnet sich ein spöttisches Grinsen ab. Innerlich seufze ich dramatisch. Wieso bringt er mich dermaßen aus der Ruhe?

„Sonntags bin ich immer ausgesprochen genügsam. Da kann mich auch so ein Lackaffe wie du nicht aus der Reserve locken."

Er unterdrückt ein Lachen und füllt meine Tasse ebenfalls mit Koffein, ohne dass ich ihn darum gebeten hätte. Seine Locken fallen in seine Stirn und seine Augen blitzen mich an, als er kurz den Blick auf mir liegen lässt.

Meine Güte, ich muss aber gleich mal an die frische Luft!

„Luisa, wirklich, ich hatte lange nicht mehr solchen Spaß."

„Wie schön, dass ich dir helfen konnte."

Jetzt lässt er doch ein kehliges Lachen hören und die Gänsehaut, die sich auf meiner Haut ausbreitet, spricht Bände, auch wenn ich nicht gewillt bin, das in mein Bewusstsein zu lassen. Ganz im Gegenteil. Mir bekommt die Landluft einfach nicht.

Ich drehe ihm den Rücken zu, fest entschlossen, ihn einfach nicht mehr zu beachten. Aber Oma ist mit Paul in ein Gespräch vertieft, dem Tante Klara so andächtig lauscht, dass ich fürchterlich schlechte Karten zu haben scheine.

Henning bemerkt natürlich sofort, was ich vorhabe, lehnt sich vor. Seinen Atem an meiner Wange flüstert er in mein Ohr, „warum nur werde ich das Gefühl nicht los, dass dich meine Gegenwart irgendwie … wie soll ich mich nur ausdrücken … durcheinanderbringt?"

Empört und durchaus ertappt schnappe ich nach Luft. Zu schnell drehe ich mich zurück in seine Richtung, ohne darüber nachzudenken, wie nah er mir ist. Plötzlich hängen meine Augen auf seinen wunderschön geformten Lippen, die eine Wärme ausstrahlen, dass ich meine eigenen nur zu gern auf sie pressen würde. Flüchtend erhebe ich mich von der Bank und verschwinde durch die Menge.

Mein Körper scheint zu brennen. Draußen lehne ich mich gegen den Stamm einer etwas abseits stehenden Linde und versuche, meinen Puls unter Kontrolle zu bekommen.

Es gibt keine rationale Erklärung für mein Verhalten und sofort schießt mir die Schamesröte ins Gesicht.

Was passiert hier nur mit mir?

Ich starre in die Äste des Baumes, als könnten mir die Blätter eine Lösung für mein Problem zuflüstern.

„Luisa? Wie schön Sie zu sehen."

Matthias Brennecke steht unweit von mir und sein Lächeln verrät mir, dass er sich darüber freut, mich zu sehen. Ich räuspere mich und hoffe, dass er mir meine konfuse Verwirrung nicht anmerkt.

„Matthias …", auch ich zwinge mich zu einem Lächeln. „Ja, wir waren in der Kirche und der anschließende Scheunengang gehört wohl dazu." Langsam beruhigt sich meine Atmung.

Alles ist gut, Luisa. Den Tierdoktor schickt der Himmel.

„Warum stehen Sie hier draußen? Geht es Ihnen nicht gut?"

Wenn er wüsste…

„Mit mir ist alles in Ordnung. Keine Sorge." Ich löse mich von der Linde, gehe auf ihn zu.

„Ah, ich verstehe schon. Der Kaffeeklatsch kann manchmal ein wenig langatmig sein." Sein Lächeln ist wirklich ausgesprochen sympathisch und schon fällt die Anspannung von mir ab. „Aber würden Sie mir dennoch die Freude machen und mich hineinbegleiten?" Fragend zieht er eine Augenbraue in die Höhe. „Gerne. Warum nicht?" Ich hake mich bei ihm unter und schon dirigiert er mich zurück zur Kaffeegesellschaft.

„Wir müssen noch ausmachen, wann ich Sie heute Abend abholen soll."

Verdutzt sehe ich ihn an.

„Ich schulde Ihnen ein Essen. Sie werden es doch wohl nicht vergessen haben?“ Gespielt pikiert fasst er sich an die Brust.

Ich lache auf. „Wie könnte ich das vergessen.“ Er legt seine Hand auf meine Finger, die auf seinem Unterarm liegen. „Dann bin ich ja erleichtert.“

Beunruhigt stelle ich fest, dass er eben genau den Tisch anpeilt, den ich soeben noch fluchtartig verlassen habe. Und dass Henning Josten mein Wiederkommen durchaus bemerkt. Seine Kiefermuskeln mahlen, als sein Blick auf mich und meine Begleitung fällt.

„Hallo Matthias. Du hast meine Enkelin gefunden, wie ich sehe.“ Oma rückt ein wenig zur Seite, um uns Platz auf der Bank zu verschaffen. Ich bin mir nicht sicher, ob das in Matthias Sinne ist, doch er nimmt das Angebot dankend an und schiebt mich ebenfalls auf die Bank. Mir ist die Situation mehr als unangenehm, aber das scheinen weder meine Oma noch der Tierarzt zu bemerken.

~oOo~

Henning verschluckt sich fast an seinem Kaffee, als er Luisa dabei beobachtet, wie sie an Matthias‘ Arm die Scheune betritt.

Dieser Anblick geht ihm gehörig gegen den Strich. Und das Wissen darum, dass es ihn stört, nervt ihn noch viel mehr.

Und Matthias? Hängt sich wie ein aufgeblasener Gockel an Lenis Enkelin.

Ihm wird speiübel. Vielleicht sollte er ihm noch mal die Nase brechen. Immerhin hat er das schon einmal getan.

Gut, die Umstände liegen heute etwas anders. Damals hatte ihn die Wut über Maries Verschwinden innerlich zerfressen. So sehr, dass er es nicht ertragen konnte, wie ihr Bruder ihm eine Entschuldigung nach der anderen für das Verhalten seiner Schwester präsentiert hat.

Mehr noch. Matthias hatte ihm sogar die alleinige Schuld an dem Scheitern seiner Ehe angedichtet. Da sind Henning einfach irgendwann die Sicherungen durchgebrannt.

Im Zuge des kleinen Handgemenges war eben nicht nur eine gute Männerfreundschaft zu Bruch gegangen, sondern auch Matthias‘ Nase. Heute würde er sich vielleicht dafür schämen, hätte sein Schwager nicht die Frechheit besessen, hier eine Praxis zu übernehmen und sich in Teresas Leben zu schleichen.

Also ergötzt er sich in Momenten wie diesen an der leichten Schrägstellung dieser Nase und findet eine seltsame Befriedigung in dem Gedanken, dafür verantwortlich zu sein.

Warum es ihn allerdings anpisst, dass Luisa auf diesen Heuchler zu stehen scheint, will ihm noch nicht so recht in den Sinn.

~oOo~

„Ich werde mal nach Teresa sehen." Mit diesen Worten lässt uns Henning allein. Ich zwinge mich dazu, ihm nicht hinterherzusehen, und versuche, dem nicht allzu viel Bedeutung beizumessen, aber es will mir nicht gelingen.

Auf das Nachfragen von Oma Leni erzählt Matthias erneut die Geschichte von seiner verloren gegangenen Geldbörse und der glücklichen Fügung, dass ich diejenige war, die das gute Stück wiedergefunden hat. Seine Hand ruht noch immer auf meinem Rücken. „Ich werde deine Enkelin heute Abend gegen 19 Uhr abholen und verspreche dir, dass sie vor Mitternacht wieder zu Hause sein wird."

Mit einem verschmitzten Lächeln sieht er mich an. Ich lächle zurück und meine Großmutter runzelt ihre Stirn. „Dann ist ja alles in bester Ordnung."

Auf dem Nachhauseweg bemerke ich ihre wachsamen Blicke auf mir. „Was ist? Warum siehst du mich so komisch an?"

Sie schüttelt ihren Kopf. „Och, eigentlich nichts weiter. Ich werde nur dieses dumpfe Gefühl nicht los, dass du viel lieber mit Henning ausgehen würdest."

Mit diesem wissenden Blick einer lebenserfahrenen alten Frau schaut sie mich schräg von der Seite an.

Jetzt ist äußerste Vorsicht geboten, Luisa!

„Wie kommst du darauf?"

„Nun, meine Intuition verrät mir, dass es einen Grund gibt, aus welchem du vorhin so plötzlich den Raum verlassen hast."

Dass sie das überhaupt mitbekommen hat …

„Du brauchst gar nicht so sparsam zu gucken. Ich bin zwar alt, aber nicht senil. Hast du wirklich geglaubt, dass ich es nicht bemerke, dass dein Gesicht regelmäßig rot anläuft, wenn Henning Josten den Raum betritt?" Sie legt dem Arm um mich und küsst meine Wange.

„Ach Oma …" Meine Wangen beginnen zu glühen, was sie auflachen lässt.

„Kind, Kind. Ich war doch auch mal jung." Verträumt sieht sie in die Ferne. „Und seien wir ehrlich … wäre ich noch mal in deinem Alter, könnte Henning gar nicht schnell genug auf die Bäume klettern, damit ich ihn nicht vernasche."

Empört schnappe ich nach Luft. „OMA!"

Sie zwinkert mir zu. „Luisa, das ist mein Ernst. Er ist ein wundervoller Mann und ein liebevoller Vater. Er ist verantwortungsbewusst und fleißig …"

„Hey, ich suche mir hier doch keinen Mann aus dem Katalog aus …", mein Ellbogen knufft in ihre Rippen.

„Dann sei mal froh, dass er in keinem Katalog auftaucht. Denn eines kannst du mir glauben … irgendeine hätte ihn dir schon vor der Nase weggeschnappt. Denn er sieht auch noch verflucht sexy aus." Sie leckt sich über die Lippen.

Ich pruste los. „Oma, hier tun sich ja Abgründe auf. Ich möchte solche Worte nie wieder aus deinem Mund hören."

Es ist mir mehr als suspekt, mit der Mutter meiner Mutter über den Sex-Appeal dieses Bauern zu klönen.

„Sei nicht so verklemmt. Also wirklich, von mir hast du das nicht." Sie beginnt lauthals zu lachen und ich stimme verhalten mit ein.

Den Rest des Weges legen wir schweigend zurück, jede von uns mit eigenen Gedanken beschäftigt. Und meine schweifen immer wieder ab. Zu funkelnden braunen Augen und dunkelblonden Locken.

Und das behagt mir so überhaupt nicht.

Kapitel 10

Pünktlich um 19:00 Uhr steht Matthias Brenneckes Jeep auf dem kleinen Hof vorm Haus. Ich werfe einen letzten Blick in den Spiegel und strecke mir selbst die Zunge heraus.

Eigentlich sollte ich mich auf einen netten Abend freuen, allerdings schwirren Omas Worte noch immer in meinem Kopf herum.

Ist es möglich, dass Henning Josten der Grund ist, dass ich mich so aus der Bahn geworfen fühle? Ich kenne ihn gerade mal 2 Tage.

Wann und vor allen Dingen wie sollte das denn bitte passiert sein?

Und es liegt mit Sicherheit nicht an seinem umwerfenden Charme, so viel steht mal fest. Dennoch … ich würde mich selbst belügen, wenn ich behaupte, dass er mich völlig kalt lasse.

Immerhin habe ich heute das Weite gesucht, nachdem ich dieses völlig irrationale Verlangen verspürt habe, ihn zu küssen. Meine Lippen auf diese warmen, sinnlichen Lippen …

Stoppstoppstopp!

Ich bin mir manchmal selbst ein Rätsel.

„LUISAAAAAA, dein Besuch ist daaahaaa.“ Der Schrei meiner Großmutter durchbricht meine Gedanken.

Ich verdrehe die Augen. „Ich komme.“

Ganz Pastellpüppchen, welches ich nun mal bin, nehme ich meine Tasche vom Bett, streiche noch ein letztes Mal über meinen Rock und steige in meinen High Heels die Treppe hinab, um diesem Irrenhaus für einige Stunden zu entkommen.

Auch Matthias hat sich in Schale geschmissen, wie mir scheint. Er trägt Stoffhosen und Hemd. Und das steht ihm ausgezeichnet.

Sein Blick wandert bewundernd über meine Erscheinung und ich bemerke das Funkeln in seinen Augen. Wenigstens einer, der nicht immun ist gegen die Wirkung von Kostümchen und Blüschen.

Ich allerdings … habe kein Kribbeln im Magen, keinen Schauer auf der Wirbelsäule, keine feuchten Handinnenflächen …

Aber einen gut aussehenden Mann an meiner Seite.

„Wow, da werde ich den Neid heute an meiner Seite haben."

Ich muss ihn einfach anlächeln. Endlich jemand, der eine gut gekleidete Frau zu schätzen weiß. „Das Kompliment kann ich nur zurückgeben."

Helene Kappelmann steht beobachtend im Flur und enthält sich der Stimme.

„Ich wünsche euch viel Spaß heute Abend."

Täusche ich mich oder liegt ein Hauch von Zynismus in ihrer Stimme?

„Den werden wir haben, alte weise Frau." Meinen warnenden Blick ignoriert sie völlig, als sie uns den Weg freigibt. Matthias nickt ihr zu und führt mich zu seinem Wagen, öffnet die Türe für mich.

„Hat sie etwas gegen unsere Verabredung?“

Etwas überrascht über diese direkte Frage stutze ich kurz, ehe ich antworte.

„Nein, und selbst wenn, ich denke nicht, dass ich ihren Segen bräuchte.“

„Das ist gut zu wissen.“ Mit dieser Doppeldeutigkeit schwingt er sich auf den Fahrersitz und fährt an.

„Warum? Sollte sie denn etwas dagegen haben?“ Ich gestehe, eine gesunde Skepsis zu entwickeln.

„Nein, aus welchem Grund auch?“ Er lächelt mich an, aber die Furche auf meiner Stirn glättet sich nicht so schnell.

Das Lokal liegt außerhalb, aus welchem Grund wir eine beachtliche Strecke zurücklegen. Wahrscheinlich war ihm eine Verabredung unter den Blicken der anderen Dorfbewohner zuwider.

Damit spricht er mir aus dem Herzen, denn um nichts in der Welt hätte ich heute erneut Henning Josten über den Weg laufen wollen.

Womit wir mal wieder beim Thema wären …

Aber das Ambiente ist äußerst geschmackvoll und gehoben. Ein Italiener.

Nun gut, damit macht man in den seltensten Fällen etwas falsch.

„Ich hoffe, Sie mögen Italienisch?“ Er rückt mir auch hier den Stuhl zurecht, ehe er sich mir gegenüber niederlässt.

„In Anbetracht der Tatsache, dass diese Frage ganz offensichtlich zu spät gestellt ist, kann ich Sie beruhigen. Ich liebe Italienisch."

Er lacht laut auf und nimmt die Karte entgegen, welche der Kellner ihm anreicht.

Ich vertiefe meine Nase ins Tagesmenu und vernehme das laute Knurren meines Magens beim Anblick dieser ausgeschriebenen Leckereien, zwischen denen man sich entscheiden kann.

„Sie haben Hunger, das höre ich gerne." Matthias zwinkert mir zu und ich zucke lediglich grinsend mit den Achseln.

Wir verbringen einen sehr entspannten und unterhaltsamen Abend. Immerhin haben wir einige gemeinsame Erinnerungen, auch wenn diese jeder von uns unabhängig vom anderen gemacht hat. Aber genau wie ich hat er als Kind einen Teil seiner Ferien hier verbracht, kennt die Jahrmärkte, den See.

Sein feiner Humor bringt mich zum Lachen und die durchaus flirtenden Blicke in meine Richtung entgehen mir nicht.

Ich lasse mich darauf ein.

Was ist schon ein Flirt? Ich muss ja schließlich nicht sofort mit ihm zwischen die Laken springen, nur weil ich ihn einmal zu viel angelächelt habe.

Er sieht gut aus und ist sympathisch. Warum soll ich mein Ego nicht mit einer netten Erinnerung an ihn schmücken?

Immerhin hatte ich lange keine Verabredung mehr.

Das liegt nicht daran, dass es keine Gelegenheiten gegeben hätte. Aber irgendwie hatte ich ständig andere Dinge im Kopf, die mir wichtiger waren. Hier auf dem Land jedoch ist das eine nette Abwechslung zwischen Hühnerfüttern und Kartoffeln ernten.

„Ich hörte, Sie sind familiär verbunden mit Henning Josten." Keine Ahnung, was mich diese Frage stellen lässt. Für einen Augenblick widerstehe ich der Versuchung, mir auf die Zunge zu beißen.

Ein kurzer Schleier verdunkelt seine blauen Augen, als er mich über den Rand seines Weinglases taxiert. Er stellt das Glas ab, ohne davon zu trinken.

„Ich vergesse gerne, wo wir hier leben. Dass sich Neuigkeiten und alte Kamellen verbreiten wie ein Lauffeuer."

Ich begegne seinem Blick. „Ich frage ohne jeglichen Hintergedanken. Es tut mir leid, wenn ich Ihnen auf die Füße getreten bin."

Mit der Serviette tupft er sich die Mundwinkel, ehe er sie auf seinen inzwischen leeren Teller ablegt.

„Nein nein, Luisa, fragen Sie nur. Er war mein Schwager. Aber auch das wissen Sie wahrscheinlich schon." Das halbseitige Lächeln erreicht seine Augen nicht.

Ich stütze die Ellbogen ab und lege meinen Kopf auf meine ineinander verschränkten Hände. „Ja, das stimmt. Auch, dass Ihre Schwester ihn verlassen haben soll, als Teresa noch ein kleines Mädchen war."

Er nickt bestätigend. „Ja, das hat sie. Sie hat sich nicht mit Ruhm bekleckert. Auch wenn ich ihre

Entscheidung nicht gutheiße, ist sie noch immer meine Schwester. Henning nimmt es mir übel, dass ich in Kontakt zu ihr stehe." Seine Finger drehen sein Weinglas über die Tischdecke. „Nein, warten Sie, das ist nicht so ganz richtig. Er ist nicht begeistert, dass ich Marie über Teresas Leben auf dem Laufenden halte." Dann sieht er mir ins Gesicht. „Und warum interessiert Sie das?"

Tja, warum interessiert dich das, Luisa?

„Als Sie beide sich in der Praxis gegenüberstanden, sahen weder Sie noch Henning erfreut darüber aus, dem anderen zu begegnen. Meine Großmutter hat mir ein wenig Hintergrundwissen geliefert." Versöhnlich strahle ich ihn an. „Ich habe kein tiefergehendes Interesse, aber es ist mir nicht verborgen geblieben."

„Dann hoffe ich, ich konnte Ihre Neugierde befriedigen. Haben Sie noch Lust auf einen Kaffee oder sollen wir langsam aufbrechen?"

Ich blicke auf meine Uhr. Eigentlich habe ich noch keine Lust wieder zurückzufahren, aber Kaffeedurst verspüre ich auch nicht.

Matthias bemerkt mein Zögern. „Vielleicht möchten Sie noch auf ein Glas Wein mit zu mir kommen?" Ich sehe den Hoffnungsschimmer in seinen Augen. Warum eigentlich nicht?

„Ja, gern. Es ist zu früh, um ins Bett zu verschwinden. Und bitte, hören Sie endlich damit auf, mich zu siezen. Ich bin Luisa."

Er funkelt mich an. „Sehr gerne, Luisa."

Als wir gemeinsam das Lokal verlassen, legt er einen Arm um meine Schulter und ich lasse ihn gewähren. Galant öffnet er mir die Beifahrertür und schon sind wir wieder auf dem Weg zurück.

„Vielen Dank für die Einladung. Es war ein schöner Abend."

„Gerne, das war das Mindeste, nachdem du mich vor unendlich vielen Behördengängen und Anrufen gerettet hast, indem du mir mein Portemonnaie wiedergebracht hast." Seine Hand drückt kurz meinen Oberschenkel durch meinen Rock.

Ich starre auf seine Finger, nicht ganz einig mit mir selbst, ob mir diese Art der Berührung gefällt. Da er sie jedoch unverzüglich wieder zurückzieht und auf sein Lenkrad legt, enthalte ich mich eines Kommentars.

Allerdings nehme ich mir vor, den Flirtmodus zu deaktivieren. Matthias ist nicht der Mann, den man für seine Zwecke benutzt, und irgendwie habe ich das Gefühl, eine Grenze zu überschreiten, die ich eigentlich gerne aufrechterhalten würde.

Und wenn ich noch ein Glas Wein trinke, kann ich für nichts mehr garantieren.

Alkohol versagt mir nämlich seine Freundschaft. Ich vertrage ihn nicht. Ich werde ausgesprochen redselig und unglaublich nähebedürftig.

Also beschränke ich mich, so wie heute Abend, meistens auf ein Gläschen zum Essen. Und selbst das breitet sich schon bewusstseinsverschleiernd in meinem Blutkreislauf aus.

Und wenn dieser Mann noch ein wenig vor sich hinsäuselt, tja dann … nein, lieber nicht!

„Vielleicht bringst du mich doch besser nach Hause. Nicht dass sich meine Großmutter noch unnötig Sorgen macht." Aus dem Augenwinkel erkenne ich, dass Matthias die Lippen zusammenpresst, ehe er nickt. „Gut, wie du möchtest."

Sofort packt mich mein schlechtes Gewissen. Bin ich zu weit gegangen mit meinem vorherigen Versprechen, noch ein Gläschen mit ihm zu trinken? Hat er mehr von diesem Abend erwartet?

„Danke, das ist lieb. Aber wir holen das mit dem Wein nach, versprochen." Ich lächle ihn an.

„Natürlich, das machen wir." Er wirkt enttäuscht, dennoch ist er zu sehr Gentleman, um sich die Enttäuschung auch anmerken zu lassen. Seine Mundwinkel ziehen sich nach oben.

Das Klingeln seines Handys lässt mich erleichtert aufatmen. Ich habe keine Ahnung, warum sich meine Brust plötzlich derartig verengt. Es ist nichts zwischen uns geschehen, was dieses Gefühl erklären könnte, außer der losen Vermutung, dass Matthias gerne einen Schritt weitergehen würde, als ich bereit bin zu gehen.

Meine Mutter würde mal wieder die Hände über dem Kopf zusammenschlagen und sich darüber auslassen, dass ich keinen Kerl näher als fünf Schritte an mich heranlasse.

Sie hat ja völlig recht. Ich mache immer einen Rückzieher, bevor es zu einer intimeren Annäherung kommt. Ich habe noch nicht mal eine böse Erfahrung in meiner Vergangenheit, auf die ich dieses Verhalten zurückführen könnte. Auch ist mein Elternhaus alles andere als zerrüttet. Ganz im Gegenteil.

Ich verspüre einfach kein Verlangen nach diesem ganzen Beziehungsstress und Herzschmerz. Um Gottes willen. Für so einen Blödsinn habe ich überhaupt keine Zeit.

Wäre mir Matthias in irgendeiner Bar begegnet, möchte ich nicht ausschließen, dass ich ihn mit zu mir genommen hätte oder dass ich sogar mit zu ihm gegangen wäre. Aber das wäre nur eine Nacht. Eine Nacht ohne Verpflichtung, ohne Nachname und ohne das übliche, nervtötende Austauschen von Telefonnummern, das einen immer hoffnungsvoll zurücklässt, nur um einen spätestens drei Tage später in eine tiefe Depression zu stürzen, weil das elende Schwein eben nicht angerufen hat.

Nein. Ich habe genügend Freundinnen, denen eben das am laufenden Band passiert. Mir nicht.

Und ist nicht auch mein Bruder David fast an einer solchen Telefonnummertauschaktion zerbrochen?

Gut. Mittlerweile ist er mit Anna verheiratet. Aber es hat immerhin sieben Jahre gedauert, bis die beiden sich rein zufällig erneut über den Weg gelaufen sind.

Und Anna hatte sich bei David nicht gemeldet, weil sie zuerst auf seinen Anruf gewartet hat. Tja, und weil mein Vollidiot von Bruder ihre Telefonnummer in einem Koffer deponiert, der den Rückflug von Griechenland gar nicht erst angetreten hat, haben die beiden sich aus den Augen verloren.

Wer, bitte schön, steckt denn eine Telefonnummer in einen Koffer? Auf solche Ideen kommen doch nur Männer.

Matthias erhobene Stimme reißt mich aus meinen Gedanken.

„Marie, es reicht. Bleib, wo du bist, ich bin schon auf dem Weg."

Wütend wirft er das Handy in seinen Schoß, die Augenbrauen zu einem Strich zusammengezogen. Ich lecke mir über meine Lippen, nicht sicher, ob ich etwas sagen soll, um ihn zu beschwichtigen.

Immerhin kenne ich den Kontext seines Telefonates nicht. Er erklärt ihn mir ungefragt.

„Entschuldige bitte, Luisa, dass ich dich da jetzt mit reinziehen muss, aber bevor ich dich zu Hause absetze, muss ich meine Schwester unterwegs einsammeln." Die weißen Fingerknöchel am Lenkrad verraten mir, dass er mehr als nur ein bisschen wütend zu sein scheint.

„Deine Schwester ist hier?" Überrascht reiße ich die Augen auf. Damit habe ich nun wirklich nicht gerechnet.

Er grunzt abfällig. „Allerdings. Und sie hatte keine bessere Idee, als bei ihrem Exmann aufzutauchen und nach Teresa zu fragen." Seine Hand schlägt auf das Lenkrad, ehe er sich fahrig durch die Haare streicht. „Wie bescheuert muss man sein?"

Mein Magen beginnt plötzlich Kapriolen zu schlagen in dem Wissen, gleich Hennings Exfrau begegnen zu müssen. Mal ganz abgesehen davon, dass er dann wohl auch ganz in der Nähe sein wird.

„Gar kein Problem."

Und ob das ein Problem ist.

Himmel, wo bin ich da nur reingeraten?

Aber nachdem ich ihm schon das Glas Wein verweigert habe, will ich in dieser Situation nicht auch noch von ihm verlangen, dass er mich zuerst nach Hause bringt. Ich schlucke hart und starre aus dem Fenster, versuche abzuschätzen, wie viel Zeit mir noch bleibt, ehe ich Zeuge eines Familiendramas werde.

Kapitel 11

Ich kenne den alten Karsten-Hof. In meiner Erinnerung sieht er jedoch anders aus, eher heruntergekommen. Was sich mir hier eröffnet, ist absolut das Gegenteil von baufällig oder vernachlässigt.

Es hängen sogar Blumenkästen am Balkon, auch wenn ich nicht sicher bin, auf welchem Mist die gewachsen sind.

Henning Josten hat die Kübel mit Sicherheit nicht bepflanzt.

Die Einfahrt ist sauber und das Tor wirkt frisch gestrichen.

Oh Gott, ein ordentlicher Mann mit Händchen für Werkzeug!

Mein Herz klopft wild hinter meinem Brustkorb und in meinem Bauchraum flattert es unruhig, als Matthias den Jeep parkt.

Er springt aus dem Auto und ich bin mehr als unschlüssig, ob ich ihm folge oder lieber mucksmäuschenstill hier verweilen soll, bis der Sturm vorübergezogen ist.

Ich entscheide mich für die erste Variante. Der Wagen erscheint mir plötzlich schrecklich stickig und eine leichte Übelkeit macht sich in mir breit. Matthias hätte mich doch zuerst zu Hause absetzen sollen. Derart deplatziert habe ich mich selten gefühlt.

Laute Stimmen schallen aus dem Inneren des Hauses.

„Henning, verdammt. Sei nicht so stur! Sie ist auch meine Tochter!“

„Die DU verlassen hast, ohne mit der Wimper zu zucken.“ Hennings durchdringende Stimme lässt mich zusammenzucken.

Aber holla, ich möchte nicht in Henning Jostens Ungnade fallen, so viel steht mal fest.

Matthias hämmert mit der Faust an die Eingangstür, ohne Beachtung zu finden, und ich verschränke meine Arme vor der Brust, lehne mich gegen den Jeep.

Was für ein merkwürdiger Ausklang unseres Dates!

„Aber jetzt bin ich hier und ich möchte sie sehen!“ Die Frauenstimme klingt schrill und ein wenig verzweifelt.

Ich habe keinerlei Mitleid mit dieser Rabenmutter.

„Teresa ist nicht zu Hause und ich will, dass du unverzüglich den Hof verlässt und dich hier nie wieder blicken lässt, Marie. Hast du das endlich verstanden?“

Die darauffolgende Stille wird lediglich durch Matthias‘ Klopfen an der Tür unterbrochen.

„Hallo? Macht, verflucht noch mal, die Türe auf.“

Der Eingang wird aufgerissen und ich beobachte Matthias‘ Faust, die plötzlich mitten in der Luft innehält. Henning starrt ihn ungläubig an. Mit einem kurzen Blick erfasst er die Situation. Als seine Augen auf mir hängen bleiben, presst er die Lippen zusammen, dass sie weiß hervortreten. Tiefe Falten auf seiner Stirn verraten mir seinen derzeitigen Gefühlszustand und ein weiteres Mal wünsche ich mich weit weg von hier.

„Was wollt ihr hier? Seid ihr das Sturmkommando?“ Verächtlich nickt er in meine Richtung. Mein Hals ist wie zugeschnürt. Meine Arme umschlingen meinen fröstelnden Körper, ohne mir jedoch Wärme zu spenden.

„Spinne nicht rum und lass mich rein. Ich bin gekommen, um meine Schwester abzuholen.“ Meine eigentliche Begleitung kämpft mit der Beherrschung. Ungehalten drängt er sich an Henning vorbei und verschwindet im Haus. Mit einem geringschätzigen Blick in meine Richtung wirft Henning die Türe ins Schloss und ich stehe mutterseelenallein an dieses Auto angelehnt, unschlüssig, ob ich vielleicht doch lieber zu Fuß gehen soll.

Die Entscheidung wird aufgeschoben, als Matthias mit einer wild gestikulierenden, blonden Schönheit im Schlepptau wieder im Hof erscheint.

„Lass mich sofort los, du dämlicher …! Ich will erst meine Tochter sehen.“

Matthias zerrt förmlich an ihren Armen, um sie dazu zu bewegen, ihm zu folgen.

„Marie Luise Josten, reiß dich gefälligst mal zusammen und benimm dich wie eine erwachsene Frau.“ Mit zusammengebissenen Zähnen versucht er, seine ein wenig aus der Form geratene Schwester wieder in den Griff zu bekommen.

Diese fuchtelt wild mit den Händen. Bis sie mich erblickt.

Ihr eben gerade noch wirrer Blick liegt plötzlich stockstarr auf meinem Gesicht.

Meine Nackenhaare stellen sich auf und eine unangenehme Gänsehaut lässt mich erschaudern. Wie von selbst löse ich mich von der Motorhaube und stelle mich gerade hin.

„Ach, du hattest ein Date. Wie ungünstig, dass ich dazwischengefunkt bin." Sie reißt sich aus der Umklammerung ihres Bruders und bringt ihre Bluse wieder in Ordnung, ehe sie sich in meine Richtung fortbewegt. Als wäre es das Normalste der Welt, hält sie mir ihre Hand zur Begrüßung entgegen.

Ich bin irritiert von dieser Geste und ergreife wie automatisch die mir dargebotenen Finger. „Hallo, ich bin Marie Josten. Es tut mir außerordentlich leid, dass Sie diesem kleinen Familientreffen beiwohnen mussten." Sie lächelt schief. „In der Regel haben wir uns alle lieb und feiern die wildesten Partys." Sie kichert. Ich staune.

„Luisa. Luisa Schwartz." Mehr bekomme ich nicht über die Lippen ob dieser absurden Situation.

„Sie ist wirklich hübsch, Mats." Hennings Ex-Frau, *die auch noch immer seinen Namen trägt*, dreht sich zu ihrem Bruder. „Deine Freundin, meine ich."

Matthias ist das mehr als unangenehm. Ich kann der Verlegenheit dabei zusehen, wie sie von seinen Ohren Besitz ergreift.

„Luisa ist nicht meine Freundin. Sie ist EINE Freundin. Und jetzt steige in dieses verdammte Auto, damit wir von hier verschwinden können."

Ich kann nur sprachlos zwischen den beiden hin- und hersehen.

„Ich werde nirgendwo hingehen, ehe ich nicht meine Tochter zu Gesicht bekommen habe. Ich dachte, ich wäre deutlich gewesen." Ihre Augen zu Schlitzen verengt, stiert sie am Haus entlang, vielleicht in der Hoffnung irgendeinen Lichtschimmer zu entdecken, der ihr verrät, dass Teresa eben doch zu Hause ist.

„Du hast Henning gehört. Sie ist nicht zu Hause." Die Resignation in Matthias' Stimme ist nicht zu überhören. Fast gebe ich dem Drang nach, ihn an meine Brust zu drücken.

„Jaja, natürlich. Ich habe doch immer gehört, was Henning zu sagen hat." Dann wendet sie ihren Blick auf mich. „Wissen Sie, mein Ex-Mann ist ja derart fürsorglich und liebevoll, dass es einem die Luft zum Atmen nimmt." Sie spuckt mir die Worte regelrecht entgegen und ich möchte es eigentlich nicht hören. Ich möchte kein Teil dieser Familienfehde werden.

Mein Vorhaben, den Rest des Weges einfach zu Fuß zurückzulegen, ist deutlich verlockender. „Matthias, vielleicht sollte ich nach Hause laufen. Du hast mit deiner Schwester sicherlich noch genügend zu besprechen."

Er wendet sich mir zu, wirkt ein wenig überrumpelt.

„Luisa,…“

Abwehrend hebe ich meine Hände in die Luft. „Wirklich, es ist in Ordnung. Es ist nur ein kurzer Fußweg.“

Er nickt niedergeschlagen, scheint seine Optionen abzuwägen. Dann zieht er seine Schultern in die Höhe. „Okay … wenn du wirklich gehen möchtest. Es tut mir leid.“

Ich klopfe kurz auf seinen Oberarm, als ich an ihm vorbeigehe. „Das braucht es nicht. Aber ich habe hier nichts zu suchen.“

„Bitte sei vorsichtig.“

„Ich komme schon heil nach Hause. Keine Angst.“

„Auf Wiedersehen, Luisa. Es war wirklich nett, Sie kennenzulernen.“ Aus irgendeinem Grund scheint Marie diese Geschichte überhaupt nicht weiter zu belasten. Sie ist speziell, meine Oma hat völlig recht.

Ich versuche zu lächeln, als ich an ihr vorbeilaufe. Was für eine merkwürdige Frau.

Kapitel 12

~oOo~

Henning ist außer sich.

Wie kann Marie es wagen …?

Sie hatte verfluchtes Glück, dass ihr Bruder rechtzeitig hier aufgekreuzt ist. Er hätte sich sonst vielleicht vergessen.

Mit geballten Fäusten steht er am Fenster und beobachtet die illustre Gesellschaft, die seinen Hof einfach nicht verlassen will.

Zum Glück übernachtet Teresa heute bei einer Freundin.

Gott, nicht auszudenken, wenn ihre Mutter hier aufgekreuzt wäre und seine Tochter wäre zu Hause gewesen …

Ein riesiger Klumpen liegt ihm im Magen. Was für ein verfluchter Mist! Aus welchem Grund taucht sie hier einfach auf? Nach so vielen Jahren?

Eine Faust schlägt auf die Arbeitsplatte seiner Küche.

Ihm fällt auf, dass Luisa sich entfernt.

Allein. Zu Fuß. In Richtung Wald. Auf mörderisch hohen Schuhen.

Das kann doch nicht wahr sein.

Sicher, das Dorf ist kein heißes Pflaster, aber man streunt dennoch nicht des Nachts alleine durchs

Gehölz. Erst recht nicht, wenn man aus der Großstadt kommt.

Da gibt es nämlich keine Straßenlaternen und keine Taxen, die einen zur Not einsammeln.

Hin- und hergerissen zwischen der Wut auf seine Ex-Frau und seinen Ex-Schwager und den eigenen Grundsätzen fährt sich Henning durch die blonden Locken, reißt wahllos eine Jacke vom Haken und verschwindet durch die Hintertür in Richtung Forstweg.

„Was ist das nur für ein elender Scheiß mit diesem Weib!“

~oOo~

Meine Schuhe bringen mich um. Ich hätte das berücksichtigen sollen bei meinem Entschluss, einfach zu Fuß zu gehen.

Der Waldboden ist uneben und eigentlich ist es doch schon ziemlich düster hier.

Ich bin eben doch kein furchtloses Kind mehr, wie mir immer mehr ins Bewusstsein dringt.

Meine Hände reiben unablässig über meine Oberarme und ich stöckel einfach weiter. Bis mein Absatz an irgendeiner Wurzel hängen bleibt. Ungünstig knickt mein Knöchel um und ein stechender Schmerz durchfährt mich.

„Hach, verfluchter Mist!“ Ich ziehe diese bescheuerten Stadtschuhe aus und lasse mich auf einen Baumstamm fallen, um meinen Knöchel zu massieren. „Das fehlt mir jetzt auch noch zu meinem Glück."

Tja, da sitze ich nun. Im dunklen Wald und warte darauf, dass der böse Wolf mich mit Haut und Haaren verschlingt.

Mir ist doch ein wenig unheimlich. Irgendwo knackt es im Geäst und eine Eule schreit in der Dunkelheit.

Dann höre ich sie. Die Schritte, die immer näher kommen. Ich halte die Luft an, unfähig auch nur mit der Wimper zu zucken. Rennen kann ich sowieso nicht mit diesem Knöchel. Mein Herz klopft laut an meinem Hals und meine Knie beginnen zu zittern. Eine Gestalt zeichnet sich zwischen den Bäumen ab, kommt schnurstracks auf mich zu.

„Luisa, was denkst du dir nur dabei, um diese Zeit mutterseelenallein durch diesen Wald zu rennen."

Das kann doch nicht wahr sein?!

„… Henning?" Jetzt bin ich überrascht. Und erleichtert, dass doch kein Triebtäter hinter mir her ist.

Ich atme tief durch die Nase ein und wieder aus. Mein Puls rast.

„Wer sonst? Meinst du etwa, der Tierarzt wäre dir hinterhergelaufen, nachdem er dich hat einfach losspazieren lassen?"

Er wirkt grimmig und eine tiefe Furche zeigt sich zwischen seinen sonst so schön geschwungenen Augenbrauen.

„Aber wieso …?“ Ich kann es noch immer nicht fassen. Ist er mir womöglich hinterhergelaufen? Und woher …?

Schon beantwortet er mir meine unausgesprochene Frage. „Ich habe euch durch das Küchenfenster gesehen und auch, dass du alleine in den Wald gegangen bist.“

„Und da hast du dir gedacht …?“ Erwartungsvoll sehe ich zu ihm auf. Langsam glättet sich seine Stirn. Er wirkt sogar ein wenig betreten, als er sich über den Hinterkopf kratzt.

„Nun ja, so ein Wald kann ganz schön gruselig sein für ein Stadtmädchen wie dich.“ Er zuckt kurz mit den Achseln, dann fällt sein Blick auf meine nackten Füße und die Schuhe, die ich neben dem Baumstamm deponiert habe. „Ist dir irgendwas passiert?“ Seine Besorgnis rührt mich fast, als er unvermittelt in die Hocke geht.

Ich winke ab und deute auf meinen geschundenen Knöchel. „Nein, nichts weiter. Ich bin mit dem Absatz hängen geblieben und einfach blöd umgeknickt.“

Er greift nach meinem Fuß und tastet ihn vorsichtig ab.

Wie ein Blitz durchfährt mich seine Berührung. Mein Herz beginnt erneut wie wild zu schlagen und ich presse meine Lippen aufeinander, als seine Finger vorsichtig von meinem Knöchel die nackte Wade hochwandern.

Ja, da brat mir doch einer `nen Storch!

„Gebrochen ist nichts."

Es dauert einen Moment, ehe seine Worte mich erreichen. Mein Gesicht wird plötzlich heiß und ich bin ausgesprochen dankbar für diese wäldliche Finsternis um uns herum.

„Meinst du, du kannst auftreten?" Seine Augen funkeln regelrecht in der Dunkelheit und ich muss mich kurz räuspern.

„Ja, ich denke schon. Schließlich kann ich nicht die ganze Nacht hier sitzen bleiben." Mit einem schiefen Grinsen nehme ich meine Pumps in die Hand.

Sag irgendwas, Luisa … nur keine peinliche Stille aufkommen lassen … „Du bist mir tatsächlich nachgelaufen, obwohl vor deinem Haus der Tumult losgebrochen ist?" *Da hat dich aber die Intelligenz eingeholt, Mädchen! Er steht doch hier …*

Dieses Mal räuspert er sich kurz. Als ich aufsehe, hängt sein Blick irgendwo zwischen den Bäumen.

„Vielleicht war das eine gute Gelegenheit, diesem Schwachsinn zu entkommen, ehe noch etwas Schlimmeres passiert." Er spricht leise.

„Ich wollte nicht Zeuge dieser Auseinandersetzung werden. Entschuldige bitte."

Etwas verwirrt sieht er mich an. „Ich glaube, du bist die Letzte, die sich dafür entschuldigen müsste. Obwohl …", er hält kurz inne, legt seinen Kopf schief, „wenn ich recht darüber nachdenke, du warst immerhin mit Matthias unterwegs. Das wäre schon Grund genug, um sich zu entschuldigen."

Ich knirsche mit den Zähnen, was er mit einem leisen Lachen quittiert. „Na sieh an, Schätzchen. Ich kann dich ja doch noch auf die Palme bringen."

Ich pruste undamenhaft und stelle mich zu schnell wieder auf meine Füße.

„Auauau." Der Stich, der mir das Bein hochfährt, lässt mich wieder in die Knie gehen. Henning reagiert blitzschnell und fängt mich auf. Ehe ich mich versehe, sind seine Oberarme um mich geschlungen und ich bin von seinem Duft umgeben. Ich halte kurz die Luft an. Vor Überraschung, aber vor allen Dingen wegen seiner Wärme, die sich wie ein Mantel um mich zu legen scheint. Sein Herz klopft fest unter meinen Händen, die auf seiner Brust liegen, während mein eigenes einfach mal drei bis fünf Schläge auszusetzen scheint. Ich schließe meine Augen, nicht bereit, den Schwindel zuzulassen.

Was in Gottes Namen ist denn das jetzt?

In meinem Bauch beginnt es zu kribbeln und mein Blut sammelt sich irgendwo in meiner Körpermitte. Stocksteif verharre ich in dieser Position. Jeder einzelne meiner fünf Sinne scheint auf Hennings Nähe zu reagieren. Ich taste seine festen Muskeln unter meinen Fingern, atme seinen Geruch tief ein, ich höre seine Atmung, meine Haut prickelt und mein Mund ist plötzlich staubtrocken. Und doch kann ich mich nicht aus dieser Umarmung befreien, die Wünsche und Sehnsüchte in mir zu wecken scheint, auf die ich in keinster Weise vorbereitet bin.

Himmelherrgottnochmal, Luisa Schwartz!

Sein Daumen kreist über meinen Rücken, brennt sich in meine Haut. „Na, Laufen klappt wohl doch nicht so geschmiert."

Eine super Feststellung.

Zumal ich befürchte, dass das selbstständige Aufrechtstehen auch nicht mehr funktioniert, sollte er jetzt die Arme von mir nehmen. Aber das hat er anscheinend gar nicht vor. Ganz selbstverständlich umfängt mich seine Wärme.

Ich wage nicht, meinen Kopf zu heben, ihn direkt anzusehen. Also schüttele ich lediglich meinen Kopf, brauche noch ein, zwei Sekündchen, um wieder zu mir zu kommen.

Ganz langsam lässt er von mir ab und ich verlagere mein Gewicht auf den gesunden Fuß.

„Geht's?" Der weiche Unterton seiner Stimme vibriert zwischen uns, landet irgendwo in meiner Blutbahn. Ich bin überfordert. Definitiv.

„Es muss gehen, verdammt." Wütend über dieses Chaos, welches in mir tobt, schiebe ich unwirsch meine Haare hinter die Ohren.

Noch immer hält er meinen Unterarm, stützt mich. „Nein, im Ernst. Wenn du nicht laufen kannst, müssen wir uns irgendetwas anderes überlegen. Es ist noch ein ganzes Stück zu laufen. Zumindest mit verstauchtem Knöchel."

„Henning, es wird schon funktionieren." Ungehalten drehe ich mich vollends aus seinen Armen.

„Okay, dann mal los." Wenig überzeugt von meinen Worten hebt er die Hände abwehrend in die Höhe und beobachtet jeden meiner Schritte. Sehr wackelige Schritte. Und äußerst schmerzhaft. Ich verziehe das Gesicht und verfluche meinen eigenen Starrsinn.

Hätte ich mich doch nur von Matthias nach Hause fahren lassen. Dann wäre ich wahrscheinlich längst wohlbehalten angekommen und diese mehr als verwirrende Begegnung mit Henning Josten hätte niemals stattgefunden.

Shit!

Ich höre sein Kichern. Leise, aber für meine Ohren durchaus vernehmbar.

Meine Fingernägel bohren sich kurzzeitig in meine Handinnenflächen.

„Was genau findest du witzig, Bauer?"

„Och, nichts Bestimmtes, Schätzchen." Er unterdrückt ein lautes Lachen. „Vielleicht ist es der merkwürdige Gang, vielleicht auch nur dein Dickschädel. Aber wenn du meinst, du könntest den ganzen Weg *so* zurücklegen, bitte … ich habe Zeit."

Es brodelt.

In mir.

Und ich bleibe abrupt stehen und drehe mich zu ihm. Mit erhobenem Zeigefinger. „Wage es nicht, mich auszulachen. Ich habe mir den Scheißknöchel verstaucht, weil MEINE Begleitung DEINE Exfrau aus DEINEM Haus zerren musste. Keine Ahnung, was ihr für posteheliche Differenzen miteinander auszufechten habt, aber MEIN Knöchel geht durchaus auch auf DEINE Kappe, mein Freund. ALSO, wage es ja nicht, auch nur zu kichern, du selbstgefälliger Fatz…“ Ich bin nicht sicher, wie oder was geschieht, aber plötzlich liegen seine Lippen auf meinen.

Warm, fest.

Erstaunt reiße ich meine Augen auf, ehe ich sie schließe. Seine Hände liegen auf meinem Gesicht und ich lasse mich gegen ihn fallen, verkralle mich in seinem Nacken. Lasse diesen Kuss geschehen. Erwidere ihn.

Er wird fordernder, knabbert an meiner Unterlippe, drängt seine Zunge zwischen meine Zähne, spielt sinnlich mit meiner. Mir schwinden die Sinne. Mein Herz schlägt im Dreifachtakt und Ameisen bevölkern meinen Leib. Seine Hand wandert langsam über meinen verlängerten Rücken und versengt meine Haut.

Nicht nur meine Haut. Ich stehe regelrecht in Flammen. Ein Stöhnen entfährt mir und er drückt mich fester gegen seinen Körper. Das Blut pulsiert durch meine Venen, mein Herz klopft gegen meinen Hals.

Alles in mir pocht und flirrt und ich bin nicht in der Lage, klar zu denken. Zu registrieren, was hier gerade mit mir passiert. Nässe sammelt sich zwischen meinen Beinen und meine Atmung geht stoßweise.

~oOo~

Henning schüttelt grinsend den Kopf bei ihrem lächerlichen Versuch, trotz der Schmerzen zu laufen, nur um nicht zugeben zu müssen, dass sie auf seine Hilfe angewiesen ist. Die krausgezogene kleine Nase bei jedem ihrer Schritte.

Als sie so plötzlich vor ihm steht, mit erhobenem Zeigefinger, mordlustigen Augen und den bedrohlich zusammengezogenen Augenbrauen kann er einfach nicht widerstehen.

Er zieht sie an sich, muss sie einfach küssen.

Und es droht ihn umzuhauen.

Dieses Persönchen ist eine ganz besondere Herausforderung an seinen männlichen Stolz und nicht nur an diesen. Sie reizt ihn aufs Äußerste. In jeglicher Hinsicht.

Sie presst ihren weichen Frauenkörper gegen seinen, erwidert seinen Kuss. Hungrig.

Eine zarte Parfumnote hüllt ihn ein, sein Nacken prickelt und das Blut sammelt sich in eindeutig zu tiefen Regionen.

Aber er kann nicht von ihr ablassen. Sie schmeckt verlockend süß und als sie in seinen Mund stöhnt, ist er versucht, sie gegen den Baumstamm zu drücken.

Heilige Scheiße, das ist ihm schon lange nicht mehr passiert.

~oOo~

Kapitel 13

„Mats, sag mal, sind das nicht dein Date und mein Exmann?"

Die Stimme durchdringt die Stille. Ich fahre erschrocken zusammen, habe regelrecht alles um mich – um uns herum – ausgeblendet.

Denn ich habe weder das Auto gehört noch die Schritte, die sich uns nähern. Henning scheint es ähnlich zu ergehen, denn er spannt sich deutlich an unter meinen Fingern, streckt den Rücken durch.

Er presst die Lippen zu einem schmalen Strich zusammen und ich fühle Bedauern. Bedauern darüber, dass er aufhört mich zu küssen, dass wir gestört werden.

Dann wird mir langsam klar, was wir hier eigentlich tun. Was er getan hat.

Er hat tatsächlich die Frechheit besessen, mich dazu zu nötigen, ihn zu küssen. Meinen angeschlagenen Zustand schamlos für sich auszunutzen.

Meine Kiefermuskeln zucken und meine Nase kribbelt. Ich schiebe ihn weg von mir, verliere fast das Gleichgewicht, kann mich gerade noch an diesem verflixten Baumstamm abstützen, damit ich nicht vollends den Halt verliere. Henning schließt kurz die Augen, atmet tief durch, ehe er sich nach einem kurzen Seitenblick auf mich zu seiner Exfrau umdreht.

Welche lediglich süffisant grinsend, mit vor der Brust verschränkten Armen neben ihrem deutlich fassungsloseren Bruder steht und uns mustert, als hätte sie uns bei etwas Verbotenem erwischt. Und durchaus bereit ist, das auch gegen uns zu verwenden.

Na ja, verboten ist es nicht, aber … dieser verschissene Wein. Hätte ich doch vorhin nur Wasser getrunken, dann müsste ich jetzt nicht hier stehen und mir diese abschätzenden, überheblichen Blicke gefallen lassen.

Himmel, Luisa, was hat dich da nur geritten?

„Sieh an, sieh an. Solch leidenschaftliche Ausbrüche sind ja ein ganz neuer Eindruck von dir, liebster Henning.“ Ihre Augen funkeln mich an. Matthias steht zur Salzsäule erstarrt einfach mitten auf dem Weg und starrt mich wortlos an. Verschämt sehe ich auf meine nackten Füße.

Dennoch, das Pulsieren und Pochen, das dieser Kuss in mir verursacht hat, will nicht so schnell verschwinden, wie ich es gerne hätte.

„Was sucht ihr hier?“ Henning hat sich anscheinend schneller gefangen als ich. Erst jetzt bemerke ich seine Hand, die noch immer warm und fest auf meinem Oberarm liegt. Ohne dass ich in der Lage wäre, sie einfach abzuschütteln. Die kleinen Spitzfindigkeiten seiner Exfrau holen mich jedoch hurtig zurück in den finsteren Wald.

„Oh, meinen Bruder hat das schlechte Gewissen gedrückt, als seine Abendveranstaltung so ganz alleine durch den dichten Wald gewandert ist. Also dachte er sich, wir sammeln sie einfach wieder ein.“ Ihre Augen brennen sich in meinen Oberkörper. „Aber wie es aussieht, hat sie sich zu helfen gewusst.“ Sie grinst mich an. Und schüttelt ihren Kopf. Es ist eines dieser Ich-habe-es-doch-gleich-gewusst-Kopfschütteln. So ein Kopfschütteln, das man einem uneinsichtigen Kind schenken würde, wenn es eben genau den Mist verzapft hat, den man bereits im Vorhinein vorhergesehen hat.

Meine Augen verengen sich zu Schlitzen, mein Puls schlägt in meinem Hals.

Dann wandert ihr Blick zu Henning. „Oder war es eher so, dass du dich an ihr abreagiert hast?“

Ich kann im Nachhinein nicht mehr genau sagen, was am Ende genau den Ausschlag gegeben hat. Ihr Kopfschütteln, die leicht verächtliche Betonung des Wortes *Abendveranstaltung* – mit der in diesem Fall zweifelsohne ich betitelt werde, oder aber die abfällige Art, mit der sie die Vermutung in den Raum stellt, dieser Kuss basiere einzig und alleine auf der Tatsache, dass Henning in mir das Ventil gefunden haben will, um sich von seiner Exfrau abzulenken.

Das geht mir eindeutig zu weit.

Ich taxiere diese Hexe, die ihren Mann mit einem Kleinkind – ihrer eigenen Tochter - einfach hat sitzen lassen, ohne sich Gedanken darüber zu machen, was aus den beiden wohl werden könnte. Die einfach einen Schmierzettel irgendwo liegen lässt, um sich dann reinen Gewissens aus dem Staub zu machen, ohne Rücksicht auf Verluste.

Und die sich jetzt und hier die Freiheit herausnimmt, über Henning und mich zu urteilen.

Warte, Fräulein. Mit dir bin ich noch nicht fertig!

„Wollen Sie damit etwa andeuten, dass Henning Sie niemals so geküsst hat? Wie kann das sein? Sie waren immerhin mit ihm verheiratet und mich kann er noch nicht mal leiden!" Ich lege einen besonders ungläubigen Gesichtsausdruck auf, ehe ich meine Hand demonstrativ auf der Brust ihres Exmannes platziere. „Henning, du kannst mir doch nicht erzählen, dass deine Exfrau nicht in den Genuss deiner Vorzüge gekommen ist? Nicht, dass sie es jetzt noch bereut, dich und eure kleine Tochter klammheimlich verlassen zu haben." Ein kleines mitleidiges Lächeln in ihre Richtung.

„Himmel, ich habe bereits jetzt schon ganz schön weiche Knie, das kann ich Ihnen verraten. Und Ihnen hat er immerhin auch noch ein Kind geschenkt."

Mein Wimperngeklimper, welches ich Henning schenke, würde sogar einen Schmetterling neidisch die Flügel einziehen lassen. „So weit sind wir ja noch gar nicht gekommen."

Unter meinen Fingern auf Hennings Brustkorb beginnt es zu rumpeln. Vorsichtshalber wage ich einen genaueren Augenaufschlag und sowohl das Mahlen seiner Kiefermuskeln wie auch die kleinen Fältchen um seine Augen verraten mir, dass es ihn einiges an Beherrschung kostet, nicht lauthals loszulachen.

Ich bete derweil, dass es um uns herum zu dunkel ist, als dass unsere ungebetenen Zaungäste es ebenfalls bemerken.

„Marie!“ Matthias ist aus seiner Erstarrung erwacht und bedenkt seine Schwester mit einem warnenden Blick. „Komm, wir verschwinden. Es scheint so, als sei es nicht mehr nötig, dass ich Luisa nach Hause bringe.“ Verächtlich dreht er sich in Richtung seines Jeeps, der unweit zwischen den Bäumen steht.

Tja, um den Doktor tut es mir sogar ein wenig leid. Auch wenn ich nicht vorhatte, etwas mit ihm anzufangen, mit dem Bauern hatte ich es noch viel weniger vor.

Matthias ist mir durchaus sympathisch und verprellen möchte ich ihn eigentlich nicht. Leider hat mir seine Schwester keine andere Wahl gelassen.

Es hätte eine wundervolle Freundschaft werden können, aber so …? Manchmal muss man Prioritäten setzen.

Aus welchem Grund meine eigenen plötzlich bei einer verzogenen kleinen Göre und ihrem unausstehlichen Vater liegen, erschließt sich mir noch nicht.

Tiefe Furchen bilden sich um Maries Mund und unschöne Falten werden auf ihrer Stirn sichtbar.

Ach herrje, sie sollte womöglich mal über ein Botoxspritzchen nachdenken…

Kurz halte ich die Luft an, bereite mich innerlich auf ihre passende und sicherlich vernichtende Antwort vor, doch der wütende Ausbruch bleibt aus.

Fast scheint es, als hätte sie ihr Pulver bereits verschossen, als sie sich mit Händen und Füßen gewehrt hat, aus Hennings Haus zu verschwinden. Aber dieser Illusion möchte ich mich lieber nicht zu früh hingeben.

Denn auch wenn sie sich kommentarlos umdreht, um ihrem Bruder zurück zum Auto zu folgen, das unweit bereit steht, so bin ich mir mehr als sicher, dass das nicht meine letzte Begegnung mit Marie Luise Josten gewesen sein wird.

Wir stehen stocksteif im Wald, bis die beiden verschwunden sind.

Henning mustert mich ziemlich eindringlich. Und dann trifft mich mit voller Wucht die ganze Tragweite dessen, was ich hier gerade fabriziert habe. Welchen Stein ich ins Rollen gebracht habe mit meiner großen Klappe. Mein Gesicht wird heiß und ein Schweißfilm bildet sich in meinem Nacken.

„Soso, meine Vorzüge verursachen dir also noch immer weiche Knie?"

Ich finde es grässlich, seinen Mundwinkeln dabei zusehen zu müssen, wie sie eine deutlich zu amüsierte Miene in sein Gesicht zaubern. Auf meine Kosten …

„Bilde dir bloß nicht zu viel darauf ein, verstanden? Deine Exfrau ist eine Schnepfe. Irgendjemand sollte ihr das vielleicht mal sagen." Ich gestikuliere meinen Unmut mit den Händen und hoffe, er belässt es dabei. Was er natürlich gar nicht vorhat.

„Nun ja, vielleicht sollte ich dich doch lieber abstützen. Nicht, dass du mir noch ins Straucheln gerätst, weil ich dir so nah bin."

Ich schüttele seine Finger ab, die nach mir greifen. „Das ist nicht nötig, ich kann durchaus alleine laufen, Henning Josten." Und schon hinke ich an ihm vorbei und versuche, den Schmerz in meinem Knöchel einfach links liegen zu lassen.

Pah, nicht mit mir …

Dann beginnt Henning zu lachen. Tief, laut und äußerst ansteckend. Meine Lippen kräuseln sich, ohne dass ich irgendetwas dagegen tun könnte. Gut, dass ich ihm zwei, drei Schritte voraus bin. Er muss mein Grinsen ja nicht unbedingt bemerken. Aber mein Hinken …

„Luisa, vielleicht sollten wir zum Hof zurückgehen. Dann könnte ich dich mit dem Wagen heimbringen."

Schnell hat er mich eingeholt, sieht letztendlich erwartungsvoll auf mich herab.

Seine Augen erinnern mich an flüssige Schokolade. Süß und verlockend. Ich schlucke hart. Und nicke zustimmend.

Gut, was soll schon passieren? Er fährt mich lediglich ein kleines Stück.

Das hübsche Lächeln auf seinem ebenso hübschen Gesicht krabbelt über meine Schulter, meine

Wirbelsäule entlang und landet in meinen Fußsohlen. *Unter anderem.*

Und schon legt er einen Arm um mich, hebt mich sogar ein wenig an, damit ich meinen Fuß nicht mehr als nötig belasten muss. Diese harmlos anmutende Geste stürzt mich in Sekundenbruchteilen in einen erheblichen Konflikt. Eine Hitze durchströmt meinen Leib, die dort wirklich, aber so absolut wirklich gar nichts zu suchen hat.

Heilige Schei…, merkt er denn gar nicht, was er hier tut?

Ich sauge hörbar Luft in meine Lungen. Atme seinen Geruch in meine Nase. Kurz wird mir schwummerig und ich lasse mich dankbar in seine stützende Umarmung fallen. Sofort umfängt mich seine Körperwärme und umhüllt mich wie ein Mantel.

Nichts wäre peinlicher, als wenn er bemerken würde, dass ich wegen ihm weiche Knie bekomme.

Jesses, Luisa, du bist so was von am Arsch …

Ich habe ja selbst keine Erklärung für diese völlig fehlgeleiteten Reaktionen meines Körpers auf diesen Kerl. Eben so wenig wie für meine plötzlich schwitzenden Handflächen.

Aber ich gehe davon aus, dass sie hier an der frischen Luft schnell wieder trocknen und dass ich *verdammt noch mal*, gleich ohne seine Hilfe laufen kann.

Und der kleine Fußmarsch zu seinem Hof wird ja wohl mein Gehirn ordentlich durchpusten und auch den noch verbliebenen Restalkohol des genossenen Glas Weines in die Wüste schicken.

~oOo~

Henning blickt immer wieder auf ihren Scheitel und schüttelt den Kopf. Herrlich. Sie ist derart widerspenstig, dass es ihm die Tränen in die Augen treibt. Lachtränen.

Ihm fehlen noch immer die Worte. Gerade als er ansetzt, seiner Exfrau gehörig den Marsch zu blasen, holt Luisa tief Luft.

Und was sie da vor sich hin fabuliert, lässt ihn völlig atemlos zurück.

Der Anblick seiner Exfrau bei jedem einzelnen von Luisas Worten ist mehr als eine kleine Entschädigung.

Oh ja, er würde nur zu gerne Mäuschen spielen.

Im Jeep seines Ex-Schwagers tagt wohl gerade das Jüngste Gericht und er wäre nur zu gerne Zeuge.

Zum wiederholten Mal spürt er eine bebende Belustigung in sich hochsteigen, die er jedoch herunterschluckt.

Dass Luisa Haare auf den Zähnen hat, das hat er ja bereits am eigenen Leib erfahren, aber dass sie für ihn in die Bresche springt, das lag außerhalb seiner Vorstellungskraft.

Für ihn stellt sich hiermit nur die Frage, wie viel Wahrheit wohl in ihren Worten stecken mag.

Aber das findet er noch raus.

Immerhin hat sie sich in den vergangenen Tagen mit Händen und Füßen gegen ihn zur Wehr gesetzt, hat nicht zugelassen, dass er ihr auch nur einen Schritt zu nahe kommt.

Aber will er das überhaupt? Will er Luisa Schwartz näherkommen?

Wie merkwürdig, dass ihm dieser Gedanke ausgerechnet jetzt durch den Kopf geht. Immerhin hat er lange nicht mehr das Bedürfnis nach einer Frau an seiner Seite verspürt. Bis heute.

Er kann nicht bestreiten, dass Luisa ein Verlangen in ihm weckt, von dem er annahm, es bereits vor langer Zeit begraben zu haben.

Sicher ist, sie macht ihn total an. Sein Ständer drückt unangenehm in der viel zu engen Hose.

Aber für den Moment reicht es ihm völlig, ihren weichen Körper an seinem zu spüren, den Duft ihres Parfüms zu inhalieren und zu wissen, dass sie ohne ihn ganz schön aufgeschmissen wäre. Mit ihrem angeknacksten Fuß …

Jetzt liegt sie förmlich in seiner Armbeuge und zittert vor Kälte. Grinsend legt er ihr den mitgebrachten Parka um die Schultern und schiebt jeweils einen ihrer Schuhe in die tiefen Seitentaschen der Jacke.

Ein Wohlgefühl macht sich in ihm breit und lässt ihn erschaudern.

Noch wird er nicht schlau aus Luisa Schwartz. Und aus sich selbst sowieso nicht.

~oOo~

Kapitel 14

Ich habe jegliches Raum- und Zeitgefühl verloren. Wie ein verlorenes Schäfchen laufe ich hoffnungsvoll neben Henning her und weiß gar nicht so recht, auf was ich eigentlich hoffen soll.

Dass dieser Abend schnell vorbei ist?

Dass er noch ein wenig länger dauert?

Dass er mich noch mal küsst?

Oder dass ich einfach schnell wieder zur Besinnung komme?

Wir sprechen nicht miteinander, während er mich die schrecklichen Waldwege entlang zu seinem Haus lotst.

Langsam, immerhin habe ich keine Schuhe an den Füßen, lediglich in der Jackentasche.

Hätte Henning nicht an die Pumps gedacht und sich im letzten Moment danach gebückt, um sie aufzuheben, ich hätte sie einfach vergessen.

Meine heiß geliebten Peeptoes.

Die sich so herrlich mit der Hälfte der möglichen Kombinationen meines Kleiderschrankinhalts kombinieren lassen.

Nicht auszudenken, das wäre eine Katastrophe geworden. Wären sie weg. Unauffindbar im Wald verschwunden. Womöglich von irgendwelchen Wölfen in den Bau verschleppt, um sie zu zerkauen. *Wie Hunde das nun mal im Allgemeinen mit Lieblingsschuhen zu tun pflegen.*

Mir wird ganz kalt bei dem Gedanken.

Henning drückt mich noch ein wenig näher an seine Mitte und ich erschaudere einfach noch einmal.

Gut, dass ich nur vorhabe, eine Woche hierzubleiben. Dann kann ich endlich wieder meinem ganz normalen Alltag nachgehen. Ohne Bauern und Tierärzte.

Hennings Frage, ob ich noch einen Kaffee trinken möchte, verneine ich geflissentlich. Heute lieber nicht. Also hilft er mir in seinen SUV und fährt die unter anderen Umständen lächerlich kurze Strecke zu meiner Großmutter. Und doch bin ich erleichtert, dass ich den Weg nicht zu Fuß zurücklegen muss.

Immer wieder erwische ich ihn dabei, dass er verstohlene und doch nachdenkliche Blicke auf den Beifahrersitz wirft.

Ich hingegen studiere angelegentlich die nächtliche Landschaft am rechten Straßenrand. Er spricht noch immer kein Wort und auch das lässt mich aufatmen.

Ich möchte nicht darüber sprechen.

Nicht darüber, dass mich unser Kuss mit voller Wucht aus den Schuhen gehauen hätte, hätte ich die High Heels noch an den Füßen getragen. Und auch nicht darüber, dass ich ihn unstreitig Matthias vorgezogen habe.

Was sagt das über mich aus?

Der eine Mann erweist sich als nett und höflich, der andere ist ein selbstgefälliger, arroganter Landwirt.

Und Luisa Schwartz? Bedient sich jeglichen Klischees, indem sie sich von diesem … diesem … Misthaufencowboy um den Finger wickeln lässt und den netten Kerl einfach vor den Kopf stößt.

Ich könnte mir selbst in den Hintern treten. Auch, weil mir durchaus bewusst ist, dass ich immer wieder genauso handeln würde.

Landluft ist einfach ungesund. Eindeutig.

Dass wir angekommen sind, bemerke ich erst, als Henning seinen Sicherheitsgurt löst. Ich lege kurz meine Hand auf seine, nur um sie unverzüglich wieder zurückzuziehen.

Himmel, wieso fühle ich mich nur so fürchterlich unbeholfen?

Ich hasse es, in einer Situation festzustecken, aus der sich mir einfach kein Ausweg zeigt.

„Du brauchst nicht auszusteigen. Ab hier schaffe ich es auch alleine." Ich zwinge mein Gesicht zu einem Lächeln und befehle meinem aufgeregten Inneren, sich schon mal schlafen zu legen.

Henning lässt sich in seinen Sitz zurücksinken, sieht auf das Haus vor uns, ohne es überhaupt wahrzunehmen.

„Luisa …"

„Nein … nicht …" Ich lege meinen Zeigefinger kurz über meine Lippen. „Ich gehe jetzt rein. Wir sprechen einfach später."

Stille.

„Gut. Dann eben später." Er nickt mit zusammengepressten Lippen und zerfurchter Stirn. Ich lächle ihn noch mal an und humple zur Türe.

~oOo~

So hatte er sich das dann doch nicht gedacht. Immerhin hätte sie ihm irgendeine Erklärung liefern können, warum sie gehandelt hat, wie sie eben gehandelt hat.

Stattdessen lässt sie ihn hier zurück.

Er kommt sich vor wie ein kleiner Junge, der das falsche Geschenk vom Weihnachtsmann erhalten hat.

Was für eine verfluchte Scheiße ist das denn?

~oOo~

Erst als er aus meinem Blickfeld verschwunden ist, schließe ich auf und stehe unmittelbar vor der Herrin des Hauses.

„Himmel, musst du mich so erschrecken?" Mit der Hand auf der Brust funkele ich sie wütend und erschrocken an. Sie schüttelt nur missbilligend ihren Kopf.

Meine Fingernägel bohren sich in meine Handinnenflächen, als ich sie durch die Zähne angifte. „Warum machst du kein Licht, sondern spukst wie ein Gespenst durch dieses Haus?"

Sie beachtet meine Randbemerkung erst gar nicht. „Man kann dich auch keine zwei Stunden alleine lassen, ohne dass du das ganze Dorf durcheinanderwirbelst."

Ich ziehe eine Grimasse. „Wie soll ich das denn jetzt bitte verstehen?"

Aber sie hat sich bereits in die Küche verabschiedet. In ihrem scheußlichen grünen Frotteebademantel steht sie am Herd und setzt Teewasser auf.

„Matthias hat angerufen. Er wollte dich sprechen, aber du warst ja noch nicht hier. Meinen Schreck kannst du dir sicher vorstellen?" Ein kurzer Seitenblick auf mich. „Ich soll dir ausrichten, dass es ihm leidtut, wie sich der abschließende Abend gestaltet hat."

Mit einer hochgezogenen Augenbraue füllt sie Tee in zwei Teesiebe und übergießt das Ganze mit heißem Wasser.

„Und er hat mich gebeten, mich um dich zu kümmern. Er hatte das Gefühl, dass irgendetwas mit dir nicht stimmt. Als hättest du dir irgendwo den Kopf angestoßen, was deine Sinne ein wenig durcheinandergewirbelt haben könnte." Eine steile Falte erscheint über ihrem Nasenbein, ganz so, als müsste sie selbst über diesen Hinweis erst mal nachdenken.

So ein erbärmlicher …

„Also? An was hast du dich gestoßen und was gilt es, zu verarzten? Und aus welchem Grund holt Matthias dich zum Essen ab und warum fährt dich dennoch Henning nach Hause?"

Mit einem Schnaufen lasse ich mich auf einen der Küchenstühle fallen.

„So viele Fragen …“

Meine Großmutter stellt eine Tasse vor meine Nase, ehe sie sich ebenfalls zu mir setzt.

„Im Ernst, Luisa. Was war heute Abend los? Und warum ruft mich Matthias so spät noch an? Ich wollte gerade zu Bett gehen.“ Über den Rand ihres Bechers mustert sie mich aufmerksam.

Ich versuche erst gar nicht, ihr begreiflich zu machen, dass Matthias ja eigentlich nicht sie angerufen hat, sondern augenscheinlich mich.

„Da gibt es nicht viel zu erzählen. Der Abend war wirklich nett, bis Matthias‘ Schwester dazwischengefunkt ist.“

Ich sehe überhaupt nicht ein, aus welchem Grund ich alleine die Schuld für einen verkorksten Abend auf mich laden soll.

„Marie? Was ist mit Marie?“

Sieh an, das hat diese kleine Petze wohl vergessen zu erwähnen.

„Wir waren gerade auf dem Rückweg, als sie Matthias auf dem Handy angerufen hat. Sie war bei Henning und wollte Teresa sehen.“

Oma stellt ihren Tee zurück auf den Tisch und sieht mich mit kugelrunden Augen an.

„Nein. Das glaube ich nicht.“

„Wenn ich es dir doch sage.“

So, und schon hat die Geschichte um mein schlechtes Betragen eine Wendung erfahren.

„Wir sind also zu Henning und ich wurde leider Zeuge dieses familiären Aufstandes. Das war nicht gerade angenehm, das kannst du mir glauben."

Sie drückt meine Hand und streichelt besorgt über meine Finger.

„Auf jeden Fall habe ich mich entschlossen, lieber zu Fuß nach Hause zu gehen."

Sie runzelt ihre sowieso schon faltige Stirn. „Im Dunkeln? Durch den Wald?"

„Ach Omi, was soll mir schon passieren? Außer, dass ich mir den Knöchel verstauche, natürlich." Jetzt muss ich doch lachen. Dieser ganze Abend war irrsinnig. In jeglicher Hinsicht.

„Das ist das Einzige, was ich mir angestoßen bzw. umgeknickt habe. Meinen blöden Knöchel."

Aber meine Großmutter ist so gar nicht beruhigt, widmet ihre Aufmerksamkeit meinem Fuß. Dreht ihn von links nach rechts, beugt sich tiefer hinab, um ihn ohne Brille genauer betrachten zu können. „Gebrochen scheint er nicht zu sein." Sie murmelt vor sich hin und ich beobachte ihren wirren Haarschopf, beiße die Zähne zusammen. Sie geht nicht zimperlich mit meinem angeknacksten Gelenk um, aber ich werde mich schwer hüten, auch nur einen Mucks von mir zu geben. Dann habe ich verloren.

Schon kann es losgehen, die Schimpferei über mein unverantwortliches Handeln …

„Luisa, nachts ist der Wald kein Ort für eine Frau. Ganz alleine."

Ich verdrehe die Augen. Selbstverständlich nur im Geiste.

„Das hat sich Henning wohl auch gedacht, als er mir hinterhergelaufen ist."

„Und dass Matthias dich hat so einfach alleine nach Hause gehen lassen …? Nein, das hätte ich dann doch nicht vermutet. In einem Blümchenrock und hohen Schuhen … wo sind die überhaupt?" Suchend blickt sie um unsere Stühle herum.

Meine Schuhe! Versauern unbeachtet in den niederen Sphären eines Parkas. Verflucht!

„Im Auto vergessen." Ich zucke nur beiläufig mit den Schultern und würde mich doch am liebsten ohrfeigen für diese Gedankenlosigkeit.

Ich kümmere mich einfach später darum!

Jetzt umfasse ich ihre Hand. „Henning hat mich ja eingesammelt. Laufen hätte ich nicht mehr können." Ich genehmige mir einen Schluck vom Tee. Das heiße Getränk beruhigt meine Nerven. Zumindest ansatzweise.

Ich seufze tief auf. „Wie du siehst, ist alles halb so wild. Kein Grund, mir ständig Vorwürfe zu machen."

Jetzt sieht sie tatsächlich etwas zerknirscht aus.

„Aber warum war Matthias der Meinung, du hättest dir irgendwo den Kopf angestoßen?"

Ich schüttele scheinheilig den Kopf. „Ich habe überhaupt keine Ahnung, wie er darauf kommt."

Vielleicht weil er mich wild knutschend mit seinem Schwager im dunklen Wald erwischt hat? Tja, aber da kann ich nur Vermutungen anstellen …

Meine Oma hinterfragt es nicht weiter, sondern stellt ihre Teetasse vor sich auf den Tisch und erhebt sich mühsam von ihrem Stuhl. „Ich hole mal eine Salbe für den Fuß und dann sollten wir langsam ins Bett verschwinden. Morgen wird ein langer Tag“, sagt`s und verschwindet im Bad. Und ich sitze alleine in der Küche und hänge meinen Gedanken nach. Die immer wieder bei diesem Kuss hängen bleiben.

Ich kann mich nicht erinnern, wann mich das letzte Mal ein Kuss derart aus der Fassung gebracht hat.

Ich schließe meine Augen und bilde mir ein, seine warmen Lippen noch auf meinen zu spüren. Sofort zieht sich mein Unterleib zusammen und ich atme tief ein.

Das darf doch wohl nicht wahr sein.

Ich muss wirklich ins Bett. Und zwar dringend.

Mit einer Tüte Tiefkühlerbsen und Schmerzsalbe bewege ich mich die Treppe hoch und hoffe, dass sich der Schlaf gnädig zeigt.

Kapitel 15

Ich erwache mit einem pochenden Fußgelenk und dröhnendem Kopf. Alles in allem keine guten Zeichen für einen gelingenden Tag. Der gestrige Abend hat mich die gesamte Nacht begleitet und ich fühle mich gerädert und müde.

Morgen wird meine Tante ankommen und mir ein wenig helfen, das Geburtstagsfest zu organisieren, und ich bin ihr mehr als dankbar. Denn eigentlich habe ich noch nicht sonderlich viel in dieser Richtung unternommen.

Außer, dass ich bereits die Scheune gesichtet habe.

Als wäre das ihr Zeichen, versucht meine Mutter mich auf dem Handy anzurufen. Ich atme tief durch, ehe ich das Gespräch annehme.

„Hallo Mama."

„Was ist mit deinem Fuß? Alles in Ordnung?

Und genau hier stellt sich die Frage, woher sie das nun schon wieder weiß.

„Ja, alles ist in Ordnung. Oma hat mich verarztet und heute werden wir die Blumen bestellen und die Karten vorbereiten."

„Das weiß ich schon alles. Ich habe schon über das Festnetz angerufen. Aber als Oma mir das mit dem verknacksten Knöchel erzählt hat …"

Ich verdrehe die Augen. Sie sieht es ja nicht.

„Wirklich, Mama. Du brauchst dir keine Sorgen zu machen. Außerdem kommt Tante Claudia morgen und hilft.“

„Sie kommt sogar schon heute. Aus diesem Grund rufe ich an. Um Bescheid zu sagen, dass du sie bitte vom Bahnhof abholen musst. Gegen 17:00 Uhr kommt der Zug bei euch an.“ Ich bemerke ihr Zögern. „Schaffst du das mit dem Fuß überhaupt?“

Ich drehe mein Gelenk einige Male hin und her. „Kein Problem. Ich hatte Tiefkühlerbsen.“

Meine Mutter lacht. „Es gibt Dinge, die ändern sich einfach nie. Gut, Schatz. Dann sprechen wir später noch mal. Ich muss Elena zur Schule bringen.“

Bei dem Gedanken an meine süße Nichte bekomme ich glatt ein wenig Heimweh. „Drück sie von mir, ja?“

„Mach ich. Und du pass auf dich auf.“

Ich lege das Handy neben mir aufs Kopfkissen und schließe noch einen kurzen Moment die Augen. Das wird ein Tag. Und bei dem Gedanken an den gestrigen Abend ziehe ich mir beschämt die Bettdecke über den Kopf und wünschte, ich könnte einfach hier liegen bleiben.

Aber das wird meine liebe Verwandtschaft schon zu verhindern wissen, also schwinge ich mich aus dem Bett und gönne mir eine ausgiebige Dusche.

Nach dem Frühstück machen wir uns auf, um die Blumen zu bestellen. Das Fest wird erst in einigen

Wochen stattfinden, allerdings ist es mit einer Präzision geplant, die einer Hochzeit gleichkommt.

Unsere Familie ist groß und auch die Familie meines Großvaters, zumindest die verbliebene, ist eingeladen.

Und meine Oma lässt keine Gelegenheit aus, mich darüber aufzuklären, dass ihr diese Feier eigentlich zu viel Zirkus um ihre Person ist. Auf meinen kleinen Hinweis hin, dass sie das lieber mit ihren Töchtern besprechen möchte, ernte ich eine mürrische Miene und unwilliges Grunzen.

Aber immerhin werden wir uns bei den Blumen einig.

Ich könnte sie ja auf ihr Grab stellen, sollte sie ihren Geburtstag nicht mehr erleben. Ich versichere ihr, dass ich mir für diesen Fall bereits überlegt hätte, die Blumen einfach an Josefine Schubert zu übergeben. Ihre Eisdiele würde sicherlich in einem ganz neuen Glanz erstrahlen mit dem duftigen Wiesengewächs auf den Tischen.

Das wiederum erweckt einen ungekannten Lebenswillen in der Mutter meiner Mutter und ehe ich mich versehe, bin ich schon am Bahnhof und warte auf meine Tante. Zufrieden mit unseren Errungenschaften, was Blumen und Einladungskarten betrifft, lege ich meine Füße auf die Bank, auf der ich sitze, genieße die Sonne in meinem Gesicht.

Ein Schatten nimmt mir das Licht und ich wage einen Blick über das Bahngleis. Direkt neben meiner Bank steht ein junges Pärchen, das tief ineinander versunken ist. Erst auf den zweiten Blick erkenne ich Teresa, die sich an einen Jungen schmiegt, der vielleicht zwei oder drei Jahre älter ist als sie.

Ach, da schau her.

Der Junge sieht nett aus. Anscheinend findet die Göre das auch, denn so wie sie ihn anschwärmt, lässt das keinen anderen Schluss zu. Ich muss unwillkürlich lächeln.

Ob dein Vater denn auch weiß, was du so treibst, mein Kind?

Ich erhebe mich von der Bank, stelle mich hinter eine der vielen Säulen, damit ich das junge Glück nicht störe. Immerhin war ich auch schon mal verliebt und die Sympathien, die Teresa für mich hegt, halten sich bekanntlich in Grenzen.

Jedoch kann ich es mir nicht verkneifen, immer wieder unbemerkte Blicke auf die Liebenden zu werfen.

Meine Großmutter würde jetzt wahrscheinlich protestieren, damit argumentieren, dass das Mädchen noch viel zu jung für einen festen Freund sei. Aber meinetwegen soll sie es genießen.

Immer wieder landen einzelne Gesprächsfetzen in meinen Ohren.

„Sehen wir uns später?“

„Klar. Ich hole jetzt nur ein paar Sachen, dann treffen wir uns in der Hütte.“

„Ich bin erst zu einem Essen, dann kann ich kommen.“

Wieder ein nicht ganz jugendfreier Kuss.

Man könnte fast neidisch werden.

Hach ja, verliebt sein, ist doch ein wunderschönes Gefühl.

Wieso denke ich darüber nach, wie sich Verliebtsein anfühlt?

Die güllegeschwängerte Luft meiner unmittelbaren Umgebung ist schädlich für mein Hirn!

Der einfahrende Zug lenkt mich ab und nachdem ich den Koffer meiner Tante entgegengenommen habe, sind die beiden Turteltäubchen auch schon verschwunden.

Tante Claudia plappert die ganze Fahrt ununterbrochen über ihre Tochter, ihren Schwiegersohn, lässt keinen Zweifel offen, was sie davon hält, dass ich noch immer ohne Mann dastehe und ich nicke gefällig.

Sie ist so ganz anders als meine Mutter, dass ich mich manchmal frage, ob die beiden überhaupt Schwestern sein können. Ich kann meine Cousine Pia sogar ein bisschen verstehen, dass sie einfach nach Hamburg gezogen ist. Besonders weit weg von ihrer Mutter. Die, wohlgemerkt, auch keinen Mann ihr Eigen nennt. Aber ich werde einen Teufel tun, sie darauf hinzuweisen. Ich werde einfach die mir hier verbleibenden Tage dic Zähne zusammenbeißen und hoffen, dass sie so schnell vergehen wie der heutige Tag. Immerhin kann ich meine Tante damit zufriedenstellen, dass wir einen Teil der Vorbereitungen bereits erledigt haben.

Als wir zu Hause ankommen, ist der Tisch im Garten gedeckt. Für zu viele Gäste.

„Wir sind daahaaa."

Oma erscheint augenblicklich im Garten und herzt die verlorene Tochter, dass mir schon beim Zusehen die Luft wegbleibt.

„Sag, wieso ist der Tisch so großzügig gedeckt?" In mir krampft sich alles zusammen. Eigentlich kenne ich die Antwort schon. Muss es aber aus ihrem Mund hören.

„Wir haben Besuch, Luisa." Endlich nimmt sie ihre Arme von Tante Claudia. „Ich habe Paul gebeten, vorbeizuschauen. Auch Henning und Teresa sowie meine Freundin Klara werden zu uns stoßen."

Mir ist der Appetit vergangen. Ganz plötzlich so gar kein Hungergefühl mehr.

„Das ist aber schön." Claudia klatscht begeistert in die Hände und ich klatsche ihr gedanklich vor die Stirn.

„Und wie schön das ist." Ich muss es wohl ein wenig fade von mir gegeben haben, denn beide Damen sehen mich erstaunt von der Seite an.

Ich lasse es unerklärt und entscheide mich lieber dazu, den Koffer ins Haus zu schleppen.

Was mir mehr schlecht als recht gelingt. Ich habe meinen Fuß wohl ein wenig überanstrengt und sehne mich eigentlich mehr danach, ihn einfach irgendwo abzulegen. Aber es sieht nicht danach aus, als würde ich dieser Sehnsucht in den nächsten Stunden nachgeben können.

Ich bin wirklich nicht zu beneiden.

Dennoch entnehme ich die Erbsen aus der gut sortierten Gefriertruhe und genieße zumindest die letzten Augenblicke vor meinem ganz persönlichen Showdown mit Henning Josten, indem ich mich der wohltuenden Tiefkühlkost widme.

Vielleicht fällt mir ja sogar noch eine Last-Minute-Möglichkeit ein, um diesem Essen zu entkommen.

Auch, wenn diese Hoffnung sicherlich im Sande verläuft.

Verdammter Mist.

Durch das Küchenfenster sehe ich den beiden Quasselstrippen dabei zu, wie sie ihre Teller zur Seite rücken und ihre Gläser mit Rotwein füllen.

Oh, mir wäre auch nach Alkohol.

Gerne auch nach etwas richtig Exzellentem.

In meinem Fall ist es aber eigentlich völlig egal, was ich in mich schütte. Es hat alles die gleiche Wirkung.

Wie sehr ich das schon beklagt habe. Und der Kater am nächsten Tag lässt mich regelmäßig aufs Neue schwören, nie wieder auch nur ein Gläschen zu trinken.

Noch nicht mal ein Kleines.

Aber vielleicht sollte ich mich doch mal wieder nach allen Regeln der Kunst betrinken.

Plötzlich wird es laut auf dem Hof. Alle geladenen Gäste scheinen sich diesen Zeitpunkt auszusuchen, um zu erscheinen. Mein Herz macht einen unangebrachten Hüpfer, als ich Henning erblicke.

Seine Locken sind vom Wind ein wenig durcheinandergeraten. Er trägt eine tief sitzende Jeans und ein T-Shirt, das seinen Oberkörper zur Geltung bringt. Er lächelt meine Tante an und umarmt meine Großmutter, ehe er sich suchend umblickt. Mir wird ganz warm bei der Vorstellung, dass ich es sein könnte, die er in der Runde vermisst. Meine Finger legen sich auf meine Lippen, die zu pulsieren beginnen.

Luisa!

Nervös sehe ich mich in der Küche um, durchforste sie nach einer offensichtlichen Beschäftigung. Ich könnte ja schon mal das Baguette schneiden oder den Braten? Umständlich erhebe ich mich von meinem Platz, verstaue die Tiefkühlerbsen wieder im Gefrierfach und mache mich an die Arbeit.

Jede Art der Ablenkung kommt mir mehr als entgegen und jede Minute, die ich noch hier in der Küche verbringen kann, verzögert mein Wiedersehen mit Henning.

Denn wenn ich eines nicht weiß, dann, wie ich ihm gegenübertreten soll.

Die Entscheidung nach dem richtigen Moment wird mir abgenommen, als die Türe sich öffnet und er hinter mir erscheint, meine Schuhe in der Hand. Ich halte die Luft an, bin mir seiner Anwesenheit mehr als bewusst.

Ich beobachte ihn durch meinen Augenwinkel, noch nicht bereit, mich ihm ganz zuzuwenden. Meine Nackenhaare stellen sich senkrecht.

„Luisa …?“ Seine Stimme ist weich, fast heiser und fährt mir in den Bauch. Ganz langsam drehe ich mich um.

„Henning.“ Mit einer Geste zeige ich auf meine Schuhe, kann ihm nicht ins Gesicht blicken. „Danke, dass du sie mir wiederbringst.“ Er zuckt mit den Schultern. Jetzt sehe ich ihn doch an. Sein Gesicht wirkt verbissen, ganz so, als sei er sich selbst nicht sicher, wie er mit mir umgehen soll.

„Du hast sie vergessen. Und ich weiß, was Teresa für ein Theater um ihre Schuhe macht.“ Seine Lippen deuten ein Lächeln an und um seine Augen bilden sich feine Fältchen. Mir wird ganz flau. Ich schiebe mir die Haare hinter die Ohren.

In der Erinnerung an unseren Kuss muss ich mich doch kurz an der Arbeitsplatte abstützen. Meine Knie drohen nachzugeben. Schon wieder.

Henning fährt sich mit zwei Fingern über die Stirn.

„Wie geht es deinem Fuß?“ Seine Stimme klingt unbeteiligt.

„Wieder besser, Gott sei Dank … Henning, gestern Abend …“

Er unterbricht mich. „Nein, Luisa. Du brauchst nichts zu erklären. Zwischen uns ist alles in Ordnung.“ Er stellt die Schuhe auf den Boden, vor die Heizung. Dann streicht er sich durch seine Locken und mit einem Nicken verlässt er die Küche wieder.

Und ich stehe da, wie vom Donner gerührt.

Meine Nasenflügel beginnen plötzlich zu kribbeln und ich massiere mein Nasenbein. Das muss ich erst mal verdauen.

Aber womit habe ich denn bitte sonst gerechnet? Immerhin habe ich unseren Kuss verraten. Ich wollte gestern nicht darüber sprechen.

Er eben heute nicht.

Eigentlich sollte ich froh sein, dass er es ebenso sieht wie ich.

Aber wie genau sehe ich es denn überhaupt?

Die ungesagten Worte treffen mich tiefer, als ich geahnt hätte.

Das Baguette erfährt eine besondere Behandlung, als ich es in Stücke schneide und der Bräter scheppert auf die Arbeitsplatte, als ich ihn aus dem Ofen hieve. Doch ehe ich dem Braten dieselbe liebevolle Zuwendung angedeihen lassen kann, nimmt meine Großmutter mir das Messer aus der Hand und schickt mich in den Garten.

„Ich mach das schon, Kind. Geh nach draußen und genieße die untergehende Sonne.“ Sie küsst mich auf die Wange und in meinen Augen kitzeln mich plötzlich Tränen. Ich schniefe kurz auf und spüre ihren Blick im Rücken, als ich mich in den Garten begebe.

Kapitel 16

Der Abend ist lauschig, die Laune am Tisch ist gelöst. Sogar Teresa ist nett, was ich ihrer heimlichen Liebelei zurechne. Auch wenn ich nicht verrate, dass ich darüber Kenntnis habe.

Henning ist die Höflichkeit in Person.

Aufmerksam, charmant und ein interessierter Gesprächspartner. Zu meiner weiblichen Verwandtschaft.

Mir gegenüber gibt er sich distanziert.

Er sitzt am anderen Ende des Tisches und ich erwische mich ständig dabei, ihn zu beobachten, an seinen Lippen zu hängen und darauf zu hoffen, dass er mich anlächelt. Aber er tut es nicht.

Kein *Schätzchen*, keine provozierende Bemerkung in meine Richtung. Einfach nichts.

Bedauern macht sich in mir breit und Entsetzen. Entsetzen darüber, dass ich so enttäuscht bin.

Ich stochere auf meinem Teller herum und ernte immer wieder verwunderte Blicke meiner Großmutter. Erst als sie ihre Hand auf meine legt und mir ein wenig zu teilnahmsvoll über den Handrücken streichelt, wird mir bewusst, was für ein Bild ich abgeben muss. Ich grinse sie an und nehme mich den Rest des Abends zusammen.

~oOo~

Henning hat die Einladung von Leni mit einem unguten Gefühl in der Magengegend angenommen.

Es hat ihn zusehends verunsichert, dass Luisa nicht mit ihm über den Kuss gesprochen hat. Nicht darüber sprechen wollte. Frauen wollen doch immer reden. Sie diskutieren Momente einfach tot. Aber diese hier? Sie hüllt sich in Schweigen und wirft ihn damit kilometerweit zurück.

Und heute? Heute wollte er nicht sprechen. Er möchte keine Zeugen, wenn sie versucht, ihn abzuservieren. Und das hat sie ja offensichtlich vor. Würde sie nicht sonst seine Nähe suchen?

Also entschließt er sich, einfach so zu tun, als wäre nichts zwischen ihnen passiert. Als wäre mit ihm nichts passiert.

Aber mit ihm ist etwas geschehen. Verfluchte Scheiße.

Er fühlt sich zu ihr hingezogen.

Eventuell ist es sogar mehr als das.

Diese Nervosität, die ihn ständig überkommt, wenn er sie in seiner Nähe weiß, das kribbelige Gefühl in seinem Körper.

Es ist zu lange her, als dass er dem Kind bereits einen Namen geben könnte. Aber er wäre nicht Henning Josten, wenn er nicht alles daran setzen würde, seinen Gefühlen auf den Grund zu gehen. Diesem Verlangen endlich nachzugeben, sie einfach gegen irgendeine Wand zu pressen und ihr diesen verflixten Starrsinn ein für alle Mal aus dem Kopf zu treiben.

Er setzt sich ans gegenüberliegende Ende der Essenstafel und versucht, seiner irrationalen Gefühle Herr zu werden. Luisa einfach nicht zu beachten. Für heute.

Dafür ist später noch genügend Zeit.

~oOo~

Als ich endlich in meinem Bett liege, kann ich nicht einschlafen. Also hocke ich mich auf meine Fensterbank und genieße den leuchtenden Sternenhimmel.

Dennoch fühle ich mich noch immer ruhelos. Kurz entschlossen schlüpfe ich in Jeans und Pulli, ziehe meine Sneaker an und schleiche mich aus dem nachtschlafenden Haus. Ohne es richtig zu bemerken, schlage ich den Weg zum See ein. Erst als ich unmittelbar am Ufer stehe und in das Wasser starre, trifft mich eine Müdigkeit, die mich in die Knie zwingt. Ich setze mich hin und lausche in die Nacht. Das unentwegte Plätschern irgendwo vor mir stört die Stille um mich herum.

Mein Herz klopft wie wild gegen meinen Brustkorb, als ich Henning erkenne.

Er zieht ruhige Bahnen durch den See und hat mich noch nicht erblickt.

So leise, wie es mir möglich ist, erhebe ich mich und verstecke mich hinter einem der Bäume, die am

Ufer stehen. Vorsichtig klettere ich in die Äste, darum bemüht, keinen Mucks von mir zu geben.

Von hier aus habe ich einen guten Blick auf die Wasseroberfläche.

Auf den Mann, der nichts ahnend auf dem Rücken liegend in den Himmel starrt.

Ich halte die Luft an, bin mir des Voyeurismus bewusst, dessen ich mich schuldig mache. Aber ich kann meinen Blick nicht von ihm lassen. Von der schemenhaften Gestalt, die sich nun langsam dem Ufer nähert. Mir nähert.

Meine Haut kribbelt und mein Herz klopft so laut, dass ich schon befürchte, er könnte es hören. Ich halte die Luft an, als er aus dem Wasser watet.

Nackt, wie Gott ihn geschaffen hat. Nässe glitzert im Mondlicht auf seiner Haut und ich beginne zu zittern.

Himmelherrgott, Luisa! Du fällst gleich noch vom Baum!

Seine wohlgeformten Muskeln scheinen zu tanzen, während er sich abtrocknet. Langsam, fast sinnlich.

Ich möchte meine Hände nach ihm ausstrecken. Ihn berühren. Stattdessen sitze ich in diesem Baum fest und kann nicht glauben, was ich sehe. Diese wunderschönen Konturen seines Körpers.

Er kämmt sich mit den Fingern durch die Haare und richtet seinen Blick nach oben. Direkt in mein Gesicht.

Vor lauter Schreck verliere ich fast den Halt, die Zweige knacken unter meinen Füßen und ich kralle mich an den dicken Ast vor meiner Nase; kneife die

Augen zusammen, in der irrwitzigen Annahme, dass er mich nicht sehen kann. So, wie man es als kleines Kind beim Versteckspiel getan hat.

„Luisa, meinst du nicht, hier unten wäre es sicherer für dich?“

Ganz langsam öffne ich meine Lider, mein Gesicht ist ausgesprochen heiß.

Aber Henning schenkt mir keinerlei weitere Beachtung.

Er schlingt das Handtuch um seine Hüften und schlendert zu einem Gebüsch, hinter dem seine Sachen zum Vorschein kommen.

Ohmanohman, jetzt komme ich aber in Erklärungsnot.

Aber Henning scheint keine Erklärung von mir zu fordern. Gemächlich zieht er sich an, völlig ungeachtet der Tatsache, dass ich hier auf meinem Beobachtungsposten verharre.

Aber wofür sollte er sich auch schämen? Für diesen Hintern etwa?

Ohne dass er den Blick auf mich richtet, ertönt erneut seine Stimme, bahnt sich ihren Weg durch das Blätterwerk meines Unterschlupfs. „Okay, dann bleib halt im Baum sitzen … Wir sehen uns.“

Er macht Anstalten, einfach zu verschwinden. Mich hier im Baum sitzen zu lassen.

Nun gut, er hat mich nicht darum gebeten, ihn zu bespannen.

Sofort werden meine Ohren wieder heiß.

Bei dem Versuch, den Baum möglichst schnell wieder zu verlassen, vertrete ich mich erneut auf meinem eh schon angegriffenen Knöchel, dass mir unwillkürlich die Tränen in die Augen steigen.

Doch auch das findet keine Beachtung.

Ein wenig kratzt Hennings Gleichgültigkeit an meinem weiblichen Ego. Auch wenn ich das wahrscheinlich verdient habe.

„Henning, jetzt bleib doch mal stehen." Ich zupfe mir kleine Blätter vom Pullover und klopfe meine Jeans aus, ehe ich die Verfolgung aufnehme.

~oOo~

Henning bleibt fast das Herz stehen, als er Luisa im Baum erblickt. So ein kleines Luder. Hockt sich in die Äste und beobachtet ihn.

Und ist dabei ungefähr so leise wie ein Pferd auf Holzparkett. Auch wenn er vorgibt, die Ruhe selbst zu sein, in seinem Inneren tobt ein Sturm der Empfindungen.

Ursprünglich kam er hierher, um irgendwie zur Ruhe zu kommen. Ihn beschleicht langsam das Gefühl, dass sie das mit Absicht macht. Ihn aus dem Konzept bringen will, um …, um … Ja, um was zu erreichen?

Himmel, sie sollte lieber machen, dass sie hier wegkommt. Sonst kann er für nichts mehr garantieren.

~oOo~

„Wirklich, Luisa, gehe nach Hause. Das hier ist keine gute Idee.“
Henning streckt die Arme seitlich von seinem Körper und dreht sich in meine Richtung, läuft rückwärts einfach weiter.
„Lass uns doch bitte darüber reden, Henning.“ Ich komme langsam aus der Puste. Erschreckend.

„Worüber möchtest du reden? Und warum ausgerechnet jetzt? Es ist doch nichts passiert.“ Der verächtliche Ton seiner Stimme schnürt mir die Kehle zu. Unvermittelt bleibt er stehen, seinen Mund spöttisch verzogen.

„Bist du etwa beleidigt?“ Ich beiße mir auf die Zunge.

Och Luisa, was ist das denn jetzt für eine dämliche Frage?

Henning beginnt zu lachen. Dieses tiefe, männliche Lachen, das direkt aus dem Bauch zu kommen scheint. Es fährt mir durch die Glieder und landet genau dort, wo es völlig überflüssig ist. In meinem Höschen.

„Du bist einfach köstlich, Schätzchen. Wirklich, ich habe selten so viel gelacht.“ Schlagartig kommt er auf mich zu, baut sich vor mir auf.

Jetzt sollte ich eingeschnappt reagieren. Darüber, dass er sich so offensichtlich über mich lustig macht.

Aber ich kann ihn nur ansehen. Mich in seinen funkelnden Augen verlieren. Ich bin nicht fähig zu atmen. Unbewusst umfasse ich seinen Nacken, zwinge sein Gesicht auf Augenhöhe, ehe ich meine Lippen auf seine lege. Kurz bemerke ich die

Anspannung, mit der er mir begegnet. Dann lässt er sich darauf ein, presst sich an mich.

Seine Bartstoppeln kratzen mein Gesicht, jedoch nicht unangenehm, im Gegenteil.

Sein Duft umfängt mich, lässt mich schwindelig werden.

Meine Brüste schwellen an, drücken gegen meinen BH. Er umfasst mein Gesicht mit seinen warmen großen Händen, küsst mich voller Hingabe, die mir den Atem raubt. Ich kann meine Finger nicht von seinem Körper lassen. Sie gleiten über seine Oberarme, seinen Rücken entlang, bleiben auf seinem Hintern liegen. Seine Erektion ist deutlich präsent. Ein kehliger Laut entfährt mir.

Plötzlich geht er auf Abstand.

Fest sieht er mir in die Augen. „Ich gehe jetzt nach Hause, Luisa. Und du solltest auch gehen." Die Intensität seines Blickes jagt einen heißkalten Schauer über meine Wirbelsäule.

Mein Atem geht schwer und stoßweise.

Hennings Daumen zeichnet meine Unterlippe nach, heizt mich damit noch mehr auf. „Du musst niemandem etwas beweisen. Mir am allerwenigsten. Belassen wir es dabei." Er küsst hauchzart meine Wange.

Ehe ich darauf reagieren kann, ist es auch schon vorbei. Als ich beginne zu begreifen, dass er mich soeben abgefertigt hat, kann ich ihm lediglich hinterhersehen. Wie er sich von mir entfernt. Auf jede nur erdenkliche Weise.

Und ich setze mich erst mal auf den Boden, unfähig auch nur einen Fuß vor den anderen zu setzen.

~oOo~

Henning braucht eine Dusche. Und zwar eine kalte. Sein gesamter Körper scheint zu vibrieren und er öffnet den Knopf seiner Hose, gibt sich selbst ein wenig mehr Platz.

Das wird langsam anstrengend. Wie ein Teenager, der seine Hormone nicht im Griff hat.

Fast hätte sie ihn so weit gehabt. Es hat ihn seine gesamte Kraft gekostet, sich von ihr zu lösen, aber so einfach macht er es ihr nicht. Er fasst sich ans Gemächt und legt alles in eine bequemere Position. Wer konnte denn damit rechnen?

Ein Grinsen schleicht sich in sein Gesicht, als er kopfschüttelnd die Türe zum Haus öffnet und eintritt.

~oOo~

Kapitel 17

Unruhig wälze ich mich in meinem Bett hin und her, bevor ich aufgebe und mich ins Wohnzimmer begebe. Der einzige Raum mit einem Fernseher.

Mit Schlaf ist in dieser Nacht nicht mehr zu rechnen. Ich bin zu aufgewühlt, kann noch immer nicht glauben, was heute Abend passiert ist.

Heiliger Mist, ich habe mich ihm regelrecht an den Hals geschmissen. Einen Aufschrei unterdrückend beiße ich mir in den Handrücken.

Und leider will mich diese verdammte Flimmerkiste auch nicht ablenken. Noch einen Spaziergang durch die Nacht unterlasse ich lieber.

Jemanden anrufen vielleicht?

Klar, morgens um 4 Uhr sind die Leute immer total begeistert, wenn das Telefon klingelt.

Also rolle ich mich auf der Couch zusammen, sehe mir irgendeine Zeichentrickserie an, die anscheinend das Nachtprogramm einiger Sender ausmacht, und döse vor mich hin.

So findet mich meine Großmutter, als sie durch das Haus tigert, um sich ein Glas Wasser zu holen.

„Luisa, Himmel, was machst du hier auf dem Sofa? Ist mit deinem Bett irgendetwas nicht in Ordnung?"

Ich reibe mir über die müden Augen und strecke meinen Körper. Mein Nacken ist steif und leichte

Kopfschmerzen machen sich hinter meinen Schläfen bemerkbar.

„Nein, alles ist gut. Ich konnte nicht schlafen. Da bin ich wohl vor dem Fernseher eingenickt."

„Du konntest nicht schlafen?" Verwundert lässt sie sich in den Sessel fallen und sieht mich besorgt an.

Auf dem Land gibt es keine Schlaflosigkeit. Zumindest nicht hier, in diesem Haus. Man ist abends müde von der getanen Arbeit und der vielen frischen Luft.

Ich gähne ausgiebig. „Mach dir keine Sorgen. Ich konnte einfach nicht einschlafen."

„Nun, ich lehne mich mal aus dem Fenster und behaupte, dass deine Ruhelosigkeit mit Henning Josten zusammenhängt." Ein wissendes Grinsen liegt in ihrem faltigen Gesicht und ich strecke ihr die Zunge heraus.

„Hah! Ich hab´s doch gewusst." Ihre Hand schlägt bestätigend auf die Lehne des Sessels und ihre Augen blitzen mich an.

„Mensch, Oma, ich habe keine Ahnung, was los ist. Ich finde ihn eigentlich unausstehlich, aber …"

„Aber er ist auch durchaus anziehend, nicht?" Sie wickelt sich enger in ihren Morgenmantel. Ich setze mich auf und ziehe die Beine an, lege meinen Kopf auf meine Knie.

„Ich weiß nicht, wie ich ihn finde." Ich schiele in ihre Richtung. „Wir haben uns geküsst."

Warum, in Gottes Namen, erzähle ich das bitte meiner Großmutter?

„Das ist doch wundervoll." Sie lächelt ein breites, noch gebissloses Lächeln. Wir sind ja unter uns. „Und? Wie küsst er so?" Verschwörerisch lispelnd beugt sie sich ein wenig vor.

Ich muss lachen. „Ach Omilein, du bist mir `ne Marke."

Dann werde ich wieder ernst. „Gut. Er küsst zu gut." Mit einem dramatischen Seufzen lehne ich meinen Kopf nach hinten, gegen die alte Fasertapete, und starre an die Decke.

Sie erhebt sich und setzt sich neben mich auf das Sofa. Ihre Hand liegt auf meinen Knien. Ich begegne ihrem Blick. „Kind, lasse es doch einfach auf dich zukommen. Grüble nicht so viel darüber nach, das tut deinem hübschen Gesicht nicht gut." Ich lege meine Hand über ihre. „Ihr beide wärt ein wirklich schönes Paar. Und dass er dir gefällt, habe ich sofort bemerkt." Die Lachfalten um ihre Augen vertiefen sich.

„Dann weißt du mehr als ich." Immer noch zweifelnd stelle ich meine Füße wieder auf den Boden, halte ihre kühle Hand fest in meiner.

„Natürlich weiß ich mehr als du. Immerhin bin ich die alte Schachtel in der Familie." Mit einem Augenzwinkern drückt sie mir einen Kuss auf die Wange. „Nun komm mit in die Küche. Ich koche uns erst mal einen anständigen Kaffee, ehe deine Tante Claudia aus dem Bett kriecht."

Und die lässt nicht lange auf sich warten. Sie rauscht in die Küche, gießt sich einen Kaffee ein.
„Meine Güte, Luisa, du siehst wirklich schlecht aus. Vielleicht solltest du dich noch mal hinlegen. So eine Organisation kann einem alles abverlangen.“

Oma wirft mir einen amüsierten Blick zu. Meine Tante verdreht theatralisch die Augen. „Wirklich, wenn ich an Pias und Alexanders Hochzeit denke … Gott oh Gott, das war ein rauschendes Fest.“ Mit der Hand auf ihrer Brust setzt sie sich auf einen der Küchenstühle.

Ich muss mich räuspern, um nicht zu lachen. Davon abgesehen, dass Pia und Alexander diese Hochzeit zum größten Teil selbst organisiert haben, alleine schon aus dem Grund, da sie ja in Hamburg stattgefunden hat, liebt es meine Tante, ihr Kind als Sonnenschein hervorzuheben.

Gut, das ist ihr mütterliches Recht, allerdings weiß ich aus erster Quelle, dass Pia das immer schon unangenehm war und sie ihrer Mutter gerne in die Parade fährt. Pia ist jedoch nicht vor Ort, also kann sich meine liebe Tante voll und ganz darüber auslassen.

Ihre Mutter legt ihr jedoch eine Hand auf die Schulter, nur zu bereit, Pias Part zu übernehmen. „Nununu, Claudia, ich glaube, wir lassen die Kirche mal im Dorf. Mein Geburtstag ist mit einer Hochzeit nicht zu vergleichen. Und Luisa hat lediglich schlecht geschlafen. Sie war mir bis jetzt eine große Hilfe.“

Tante Claudia wirkt etwas konsterniert, als sie ihren Kaffee schlürft. „Ich meine ja auch nur. Immerhin hat das Kind keinerlei Erfahrungen. Weder mit Geburtstagsfeiern noch mit Hochzeiten." Das war ein Stich in meine Richtung. Auf die mannlose Tochter ihrer Schwester. „Und Davids Hochzeit war ja auch eher bescheiden, nicht wahr?"

„Was daran liegt, dass David und Anna in Kürze das zweite Kind erwarten."

Punkt für meine Oma. Pia ist noch kinderlos. Mein Bruder hat vorgelegt. Ich grinse.

Unwirsch winkt Pias Mutter ab. „Wie dem auch sei. Ich werde heute ein wenig telefonieren und die Karten versenden."

„Dann kann ja nichts mehr schiefgehen, meine liebe Claudia." Oma zwinkert mir zu und ich nehme einen Schluck Kaffee.

Mein Tag schleppt sich müde dahin. Gegen Mittag holt mich die Erschöpfung ein. Gnädigerweise scheint das niemanden zu stören. Tante Claudia ist in ihrem Element und meine Großmutter widmet sich der Gartenarbeit, ohne die Forderung an mich, ihr dabei zur Hand zu gehen.

Kaum liege ich auf der Sonnenliege, dauert es keine Minute und ich falle in einen tiefen traumlosen Schlaf.

Das dröhnende Hundegebell dringt nur langsam durch meinen Dämmerzustand, Hennings aufgeregte Stimme schafft das unmittelbar.

„… ich weiß nicht, wo sie hingegangen ist. Ursprünglich wollte sie zu Matthias. Dort ist sie aber nicht erschienen. Mein zweiter Gedanke war Marie. Aber sie ist bereits nicht mehr im Ort.“ Fahrig fährt er durch seine Haare. Mit einer Hand hält meine Oma den Strohhut auf ihrem Kopf in Position, die andere liegt beruhigend auf Hennings Unterarm. „Jetzt denke doch nicht gleich das Schlimmste. Sie taucht schon wieder auf. Sie ist 15, Henning. Da werden Mädchen flügge.“ Aber Henning wirkt wenig beruhigt.

„Wirklich, Leni, das ist so untypisch für sie. Sie ist gestern Abend nach dem Essen zu Matthias in die Praxis, sie wollte über Nacht dort bleiben. Und heute erfahre ich, dass sie dort gar nicht aufgetaucht ist, gar nicht dorthin wollte.“ Mutlos sieht er die Straße entlang. „Was soll ich denn denken, bitte? In der Schule war sie auch nicht.“

„Leider habe ich sie auch nicht gesehen. Das tut mir leid.“ Oma schüttelt bedauernd den Kopf.

„Ich helfe dir beim Suchen.“ Sein Kopf schnellt in meine Richtung. Sein Blick wirkt leer und müde. Ich sehe ihm an, dass er meine Hilfe für wenig sinnvoll hält. Ich kenne ihre Freunde nicht, weiß nicht, was sie in ihrer Freizeit treibt. Dennoch nickt er dankbar.

Tiefe Schatten liegen unter seinen Augen, als er mir kurz berichtet, wo er bereits nach ihr gesucht hat, mit wem er schon gesprochen hat.

Immer wieder massiert er seine Nasenwurzel. Ich kann seine Verzweiflung regelrecht greifen und mein Herz wird schwer.

Auf meine vorsichtige Frage, ob es nicht sein könne, dass sie doch ihre Mutter getroffen hat, lacht er bitter auf.

„Luisa, wenn du glaubst, Maries Interesse an Teresa sei über den Sonntagabend hinausgegangen, dann irrst du dich gewaltig."

Ein Kloß bildet sich in meinem Hals.

Was ist Teresas Mutter nur für eine sprunghafte Person? Kein Wunder, dass das Mädchen so verbissen wirkt. Wenn man eine Mutter hat, die sich nur alle paar Jahre an einen erinnert?!

Für mich unvorstellbar.

Aus einem Impuls heraus nehme ich ihn in die Arme, ziehe seinen Kopf an meine Schulter.

Unvermittelt drückt er mich kurz an sich. Sein Duft steigt in meine Nase, lässt mich benommen nach Luft schnappen.

Bevor meine Puddingbeine nachgeben, gebe ich ihn wieder frei und wende mich ab. In der Hoffnung, dass er selbst viel zu gedankenverloren ist, als dass er seine Wirkung auf mich und meinen Körper überhaupt registriert.

So geht das nicht weiter, Luisa. Was ist nur aus dir geworden?

Um nicht weiter über meine Reaktion nachdenken zu müssen, hole ich zügig meine Autoschlüssel und mache mich auf den Weg.

Kapitel 18

~oOo~

Henning ist außer sich vor Sorge. Teresa war nie ein schwieriges Kind. Gut, er hat ihr auch viel durchgehen lassen. Aber es ist auch nicht immer leicht, den anderen Elternteil zu ersetzen. Und bei Gott, das hat er versucht.

Er hat immer gehofft, ihr beides sein zu können. Dass Teresa niemals den Verlust ihrer Mutter beweinen muss.

Wahrscheinlich war er dabei nicht so erfolgreich, wie er es sich eingebildet hat.

Denn aus welchem Grund verschwindet sie so einfach? Ohne eine Nachricht?

Er hatte keine Vorahnung.

Macht ihn das nicht zu einem schlechten Vater?

Sie hat ihn belogen, als sie behauptet hat, einen Dienst in der Tierarztpraxis schieben zu müssen.

Und er hat das nicht hinterfragt. Aus welchem Grund auch? Es bestand bisher niemals ein Anlass, an Teresas Ehrlichkeit zu zweifeln.

Er rauft sich die Haare. Läuft immer wieder dieselben Wege entlang, sucht immer wieder an den gleichen Stellen. Aber er weiß bereits, dass er sie hier nicht finden wird.

Immer wieder ruft er ihren Namen, ohne Erfolg.

Bei Leni verlässt ihn fast die Zuversicht. Dabei war sie seine letzte Hoffnung. Wenn Teresa Sorgen hat, kommt sie eigentlich hierher.

Seine Nerven sind zum Zerreißen gespannt, ihm ist übel und eine Hoffnungslosigkeit ergreift von ihm Besitz, die ihn in ein tiefes Loch herunterzieht.

Sein Kind ist verschwunden. Einfach weg. Und niemand hat es gesehen oder weiß wohin.

Und dann bietet ausgerechnet Luisa ihm an, sie zu suchen.

Soll er darüber lachen oder weinen?

Für einen Moment kann er sie nur anstarren, doch dann reißt sie ihn unvermittelt in ihre Arme. Und es fühlt sich gut an. Tröstend. Warm. Er erwidert die Umarmung. Sie liegt fest und anschmiegsam in seinen Armen. Ihr Duft hüllt ihn ein, lässt ihn atemlos werden. Für einen Augenblick nimmt sie ihm die Angst. Vermittelt ihm Stärke, Mut. Wie sie vor ihm steht, ihre Hand auf seiner Wange. Ihre Augen, die sich mit seinen verhaken.

Er ist sogar versucht, zu glauben, dass sie seine Tochter findet.

Ihm ist etwas leichter ums Herz, während er Luisa dabei beobachtet, wie sie sich in ihr Auto setzt und losfährt. Um Teresa für ihn zu finden.

~oOo~

Ein kurzer Blick auf meine Uhr zeigt an, dass es bereits später Nachmittag ist. Gestern um diese Zeit stand Teresa am Bahnhof. Kurz überlege ich, ob ich diese Information weitergeben soll, entschließe mich aber dagegen. Irgendetwas sagt mir, dass Henning diese Tatsache weder begrüßen noch gutheißen würde.

Schon im nächsten Moment komme ich mir töricht vor. Aus welchem Grund sollte das Mädchen heute wieder am Bahnhof stehen?

Und warum sollte ausgerechnet ich sie finden?

Wo ich so einen guten Draht zu ihr habe.

Dennoch führt mich mein Weg unbeirrt in Richtung Bahnsteig.

Natürlich ist sie nicht hier. Das wäre ja auch was gewesen. Plötzlich kommen mir die Worte wieder in den Sinn, die die beiden Verliebten miteinander gewechselt haben und deren Zeuge ich geworden bin.

„Hütte … was für eine Hütte können sie denn nur gemeint haben?“ Vor mich hinmurmelnd tippe ich die Telefonnummer meiner Oma in mein Smartphone.

Besetzt. Natürlich.

Tante Claudia telefoniert mit der ganzen Welt. Und sie nimmt sich Zeit dafür. Hier ist also kein Durchkommen.

Verdammt … Kurz überlege ich meinen nächsten Schritt.

Ob Matthias vielleicht …? Ich denke nicht darüber nach, dass Matthias wahrscheinlich der letzte Mensch ist, den Henning in die Suche nach seiner Tochter einbinden möchte. Nun, doch eher der Vorletzte, wenn man von Marie absieht.

Ich sitze schon wieder im Auto, auf dem Weg in die Tierarztpraxis.

Meine Befürchtung, Henning zu übergehen, war grundlos. Wie mir scheint, ist die Neuigkeit von Teresas Verschwinden bereits hier angekommen.

Klar, immerhin war die Praxis heute Nacht ihr Alibi.

Gaby Proske trägt heute keine Zöpfe, sondern einen stylishen Pferdeschwanz. Sie hängt am Telefon und mustert mich abschätzend, als ich vor dem Empfang ungeduldig mit den Fingern auf das Holz klopfe, warte, dass sie das Gespräch beendet.

Noch ehe sie mich gebührend empfangen kann, tritt Matthias in den Wartebereich. Unverzüglich legt sie auf.

Was für eine kleine, miese …

„Wirklich, Matthias, mache dich nicht verrückt. Sie taucht schon wieder auf."

Gaby Proske verlässt ihren Tresen, nur um schnellstmöglich zu ihrem Chef zu gelangen.

„Ich verstehe einfach nicht, warum sie das getan hat. Warum hat sie nur behauptet, hier zu übernachten?" Ratlos fährt er sich über sein Kinn, blickt auf seine Assistentin herab.

„Sie ist ein Mädchen, sie wird schon ihren Grund haben." Sie zieht ihn in ihre Arme, ohne mich dabei aus den Augen zu lassen. Sie genießt ihren Auftritt, so viel steht mal fest.

Ehe er darauf etwas antworten kann, entdeckt er mich.

„Luisa, entschuldige, hier ist im Moment ziemlich viel Trubel." Etwas unwillig schält er sich aus Gabys Armen und schenkt mir seine Aufmerksamkeit.

Das Vorzimmer ersticht mich förmlich mit ihren Augen.

Ich übergehe diese offensichtliche Anfeindung. „Kann ich dich kurz sprechen, Matthias."

„Meine Nichte ist verschwunden. Ich habe eigentlich keine Zeit …"

Ich seufze tief, weiß genau, worauf er hinauswill.

Das hier hat doch wirklich nichts mit uns zu tun. Mit dem, was zwischen uns passiert oder eben auch nicht passiert ist.

Warum können Männer nicht einfach mal sachlich bleiben, wenn es darauf ankommt?

Ich greife nach seinem Kittel, ziehe ihn hinter mir her. Vor das Haus.

„Du machst es aber geheimnisvoll. Was ist los?" Eine tiefe Falte bildet sich auf seiner Stirn. Die Hände in seinen Hosentaschen vergraben. Aber ich habe definitiv keine Zeit für sein verletztes Ego.

„Ich habe gestern meine Tante vom Bahnhof abgeholt. Dabei habe ich Teresa gesehen. Sie stand mit einem Jungen am Bahngleis."

Die Falte wird steiler.

„Auf jeden Fall konnte ich hören, dass die beiden sich verabredet haben. Sie haben von einer Hütte gesprochen. Hast du eine Ahnung, wo sich diese Hütte befindet?" Er massiert seine Schläfe, ich kann ihm förmlich beim Nachdenken belauschen.

„Eine Hütte? Weiß Henning davon?"

Ich werde ungeduldig. „Nein, natürlich nicht. Ich möchte sie nicht unnötig in Schwierigkeiten bringen."

Er atmet ungehalten aus. „Ich denke, das hat sie bereits selbst getan." Dann schweift sein Blick in die Ferne. „Aber eine Hütte? Davon gibt es hier unzählige. Oben im Wald.

„Das ist mit Sicherheit eure alte Hütte." Keiner von uns hat Gaby wahrgenommen. Sie steht auf der obersten Stufe des Eingangs und lauscht ungefragt unserem doch eher privat anmutenden Gespräch.

Habe ich ihn nicht extra vor die Türe geschliffen?

Was soll´s, Taktgefühl ist nicht jedermanns Sache.

„Tante Josefines Hütte", fügt sie hinzu, nachdem sie unsere rätselnden Blicke auf sich spürt.

Matthias fasst sich an die Stirn. „Na klar, dass ich nicht darauf gekommen bin. Sie steht seit Jahren leer … Die Jagdhütte meines Onkels." Plötzlich kommt Leben in ihn. Er greift nach meinem Arm, zieht mich zu seinem Jeep. „Komm, wir fahren dort hoch und sehen nach."

„Ich fahre mit." Gaby zieht die Türe hinter sich zu, aber Matthias schüttelt den Kopf. „Nein, du bleibst besser hier. Falls sie sich meldet. Geh wieder rein und halte die Stellung. Ich fahre mit Luisa."

Fast befürchte ich, sie stampft mit dem Fuß auf. Aber sie gibt nach und verschwindet meckernd wieder in der Praxis.

Kapitel 19

Ich beginne daran zu zweifeln, dass es sich um besagte Hütte handeln könnte. Die Strecke dorthin erscheint mir zu lang, als dass zwei Teenager diese freiwillig zu Fuß zurücklegen.

Nun gut, für die Liebe geht man gewöhnlich steinige Wege.

„Danke, Matthias." Irgendwie möchte ich die unangenehme Stimmung zwischen uns auflockern. Er sieht noch immer ziemlich verbissen aus.

„Wofür? Sie ist immerhin meine Nichte. Es ist selbstverständlich, dass ich …"

Ich hebe kurz meine Hand und er hält inne. „Davon spreche ich nicht und das weißt du auch."

Er schüttelt fast unmerklich seinen Kopf. „Schon gut. Lass uns einfach nicht mehr darüber reden. Zwischen uns … ist ja nichts weiter geschehen. Ich kann mir nicht anmaßen, dazu etwas zu sagen." Seine Hände gleiten unentwegt über das Lenkrad. Ich lächle ihn an und seine Mundwinkel verziehen sich bereits ein wenig.

„Ich möchte nur nicht, dass du etwas Falsches über mich denkst."

Er sieht mich kurz an. Seine blauen Augen sind unergründlich. „Du bist eine attraktive Frau. Ich kann es ihm nicht verdenken." Matthias atmet tief ein. „Ich ärgere mich eigentlich nur über mich selbst, dass ich es nicht vor ihm getan habe …, dass ich dich nicht geküsst habe."

Jetzt ist es an mir, ihn verwundert anzusehen. Was ihn leise auflachen lässt.

„Wirklich, ich hätte es zuerst tun sollen."

Ich kaue ein wenig gerührt auf meiner Unterlippe. Ich hätte garantiert nicht so nette Worte für ihn gefunden, hätte er vor meinen Augen mit einer anderen geknutscht. Noch dazu mit einer, die ich auf den Tod nicht ausstehen kann.

Das verdient durchaus meinen Respekt.

Auch wenn das Gezicke unter Männern nicht als ganz so dramatisch zu betrachten wäre wie das Kneifen und Haareziehen zwischen Frauen.

Da haben Männer eindeutig mehr Stil.

Der Jeep hält und meine Aufmerksamkeit liegt auf der Hütte vor uns. Die Fensterläden sind geöffnet und Teresas Lachen dringt zu uns auf den Waldweg.

Erleichterung durchflutet mich.

„Teresa?" Matthias donnernde Stimme durchbricht den Wald.

Das Lachen verstummt und ihr erschrockenes Gesicht erscheint im Fenster.

Und mir fällt direkt ein ganzer Steinschlag vom Herzen.

„Was …? Gott, wie spät ist es?" Sie verschwindet wieder in der Hütte und kurz darauf wird die Tür aufgerissen. „Onkel Matthias! Ich habe die Zeit vergessen!" Ihr scheint die Tragweite ihres Handelns wohl augenblicklich bewusst zu werden. Als sie mich erblickt, wird ihre Nase noch blasser.

„Was hast du dir nur gedacht? Das ganze Dorf sucht nach dir." Matthias Vorwurf ist nicht zu überhören.

Ihr Blick schweift suchend durch den Wald. „Ist Papa auch hier?"

„Nein, er weiß nicht, dass wir hier sind." Bei meinen Worten versteift sich ihr Rücken.

„Schön, dann kannst du es ihm ja petzen."

Ich fühle mich ein wenig auf den Schlips getreten. Immerhin war ich diejenige, die versucht hat, größere Unannehmlichkeiten von ihr abzuwenden.

„Na hör mal …"

Ihr Onkel greift sofort ein. „Teresa, ich denke nicht, dass es dir zusteht, Luisa derart anzugreifen. Packe deine Sachen zusammen, damit wir zurückfahren können."

Der Junge von gestern Abend erscheint im Türrahmen. Nervös reibt er seine Handinnenflächen gegeneinander „Es ist meine Schuld. Ich habe nicht auf die Uhr gesehen."

Matthias starrt ihn an. Mit offenem Mund. „Und wer genau warst du noch mal?"

Der hübsche Bengel scheint unschlüssig, ob er sich uns nähern soll. Er entscheidet sich für die sichere Entfernung.

„Ich bin Ben. Teresas … Freund."

„Aha." Matthias wirkt plötzlich gefährlich ruhig. „Darüber sollten wir später noch mal sprechen. Jetzt ist erst mal wichtig, dass Teresa mit uns zurückfährt. Und du solltest auch besser machen, dass du von hier verschwindest."

Oha, der große beschützende Onkel. Gute Nacht, Mattes.

„Onkel Matthias, Ben kann nichts dafür." Der flehende Unterton in Teresas Stimme bringt mich dazu, beschwichtigend eine Hand auf Matthias' Arm zu legen.

„Wir nehmen beide mit ins Dorf. Es geht ihr gut, das ist die Hauptsache." Er bedenkt mich mit einem skeptischen Blick. Ich nicke ihm zu und er lenkt ein, auch wenn er das junge Pärchen anschnauzt, „nun gut, aber macht, dass ihr fertig werdet."

Mit hängenden Schultern verziehen sich die beiden zurück in das kleine Häuschen vor uns. Aus den Augenwinkeln bekomme ich mit, wie Matthias sein Handy aus der Tasche zieht.

„Warte noch damit. Wir sollten uns erst eine Geschichte überlegen, die wir den anderen erzählen."

„Was willst du denn erzählen? Teresa war hier oben mit einem Jungen. Einem Jungen, den ich noch nie vorher in meinem Leben gesehen habe. Und ich wette, Henning auch nicht." Wütend marschiert er zu seinem Auto und mir bleibt nichts anderes zu tun, als ein Stoßgebet in den Himmel zu schicken.

Es scheint erhört zu werden. Matthias hat hier oben keinen Empfang. Das bedeutet einen klaren Zeitvorteil.

Ich wage mich vor und werfe einen Blick in dieses Liebesnest. Mit Erstaunen muss ich feststellen, dass die beiden ganze Arbeit geleistet haben. Das scheint bereits seit Längerem ihr kleines Domizil zu sein. Die

Decken auf dem kleinen Bett sehen frisch aus, die Hütte wirkt ordentlich gefegt und sauber.

„Soll ich euch noch bei irgendwas helfen?"

Ohne mich anzusehen, zischt Teresa, „du hast doch sicherlich schon genug für uns getan, oder nicht?"

Ben legt ihr die Hand auf die Schulter.

Meine Augenbrauen ziehen sich zusammen.

Wahrscheinlich habe ich dir das Leben gerettet, du kleine Kröte.

„Du kannst froh sein, dass ich hier oben aufgetaucht bin und nicht dein Vater. Ich denke, dein Freund hätte mittlerweile seinen Kopf zu beklagen und um deinen sieht es im Moment auch nicht viel besser aus."

Der Junge presst seine Lippen zerknirscht zusammen, aber Teresa zuckt lediglich trotzig mit den Schultern.

„Dein Onkel hat hier oben keinen Handyempfang. Also haben wir noch ein wenig Zeit, ihn davon zu überzeugen, diese Geschichte hier abzuändern." Ich verziehe nachdenklich mein Gesicht.

Teresa dreht sich endlich zu mir um. Ungläubig sieht sie mich an. „Was meinst du damit? Abzuändern?"

Mit einem Zeigefinger an der Wange drehe ich mich einmal um meine Achse, sehe mich um.

Denk nach, Luisa. Denk nach!

Ich gestehe, so eine Hütte hat was. Wenn ich sie in meiner Sturm- und Drangzeit zur Verfügung gehabt hätte …?

Herrje, meine arme Mutter!

„Na, vielleicht sollten wir nicht sofort die ganze Wahrheit preisgeben. Ich möchte deinen Vater nicht mehr als unnötig beunruhigen. Es sei denn, es steht zu befürchten, dass diese Hütte hier Nebenwirkungen hat?!“ Fragend sehe ich zwischen den beiden jungen Leuten hin und her. Ben wird krebsrot im Gesicht, was ihn mir noch sympathischer erscheinen lässt.

„Nein! Nein, wir haben nicht …“

Ich winke erleichtert ab. „Bitte keine Details. Aber das ist gut zu wissen. Immerhin gibt uns das Raum für eine nette Umschreibung dieser kleinen Katastrophe.“

Teresa lässt sich auf das Bett fallen und beginnt jäh hemmungslos zu weinen. Ich kann gar nicht anders, als sie an meine Brust zu pressen. „Schtscht, beruhige dich. Wir werden das schon hinbekommen. Ich war doch auch mal verliebt.“

Das ist schon Lichtjahre her, aber ich kann mich zumindest noch vage daran erinnern.

An die Schmetterlinge im Bauch, dieses dümmliche Dauergrinsen, dieser wispernde Ton, wenn man mit dem anderen spricht …

Ben sieht mir dankbar ins Gesicht. Er scheint ein wenig überfordert mit den aktuellen Gegebenheiten. Ich kann es ihm noch nicht mal verübeln.

„Wir müssen nur Onkel Matthias davon überzeugen, mitzuspielen. Aber das schaffe ich schon.“ Die bitterlichen Schluchzer an meiner Brust erweichen mein Herz und ich bedauere das Mädchen, das hier wie ein Häufchen Elend vor mir sitzt. Und ohne die mütterliche Zuneigung auskommen muss, die jeder weibliche Teenager so unbedingt braucht.

Wer tröstet sie denn nur bei ihrem ersten Liebeskummer? Wenn ihr Liebster dann das Weite sucht? Und wer soll ihr schließlich sagen, wie das Leben funktioniert?

Etwa ein eifersüchtiger Vater, der mit der Schrotflinte hinter der Tür nur darauf lauert, dass der aktuelle Freund seiner Tochter einfach mal ein Stückchen näher kommt?

Oder ein aufbrausender Onkel, der sich noch nicht mal die Mühe macht, diesen kleinen Ausflugsort hier zu hinterfragen?

Aber nicht mit Luisa!

Langsam beruhigt sich mein Schützling und in meinem Kopf tanzen die Gedanken wild durcheinander.

„Zu allererst sollten wir Ben deinem Vater gegenüber nicht erwähnen.“ Ich hebe ihren Kopf mit dem Zeigefinger an und sehe ihr in die Augen. Unverständnis blitzt mir entgegen. Ich schnalze mit der Zunge. „Überlege doch. Er hat umso bessere Karten bei Henning, wenn er nicht immer darüber nachdenken muss, was ihr beiden hier oben getrieben haben könntet. Wir organisieren ein Kaffeetrinken.“

Teresas Stirn bildet unschöne Runzeln und ihre Augen verraten mir, dass sie mir noch immer nicht folgen kann. „Teresa, überleg doch mal. Oma Leni backt einen Pflaumenkuchen. Dem kann dein Vater sowieso nicht widerstehen. Und Ben stellt sich dann vor. Als dein Freund, wenn du magst."

Sie schüttelt den Kopf, was ihre dunkelblonden Locken förmlich fliegen lässt.

Wie hübsch du eigentlich bist, wenn du dir ein wenig Mühe gibst, Kind.

„Er wird ausrasten, wirklich! Er findet, dass ich noch zu jung bin. Das hat er immer wieder gesagt."

„Nanana, wir malen nicht direkt den Teufel an die Wand. Vielleicht ist er im ersten Augenblick nicht so glücklich darüber, aber er wird sich schon mit dem Gedanken anfreunden. Du wirst schon sehen." Ich lächle ihr ins Gesicht und wünsche, dass nur ein wenig mehr Zuversicht in diesem Lächeln liegt, als ich derzeit empfinde. Denn wenn ich ehrlich bin, habe ich keine Ahnung, wie Henning Josten auf die erste Beziehung seiner Tochter reagieren wird.

Aber es scheint zu wirken. Teresa sieht schon ein wenig fröhlicher aus und Ben kratzt sich beschämt am Kopf.

„Aber was wollen Sie ihm erzählen, warum Teresa hier oben in der Hütte war? Noch dazu alleine. Eigentlich habe ich kein gutes Gefühl dabei, dass sie den Ärger alleine ausbaden muss …"

Wow, was für ein netter Junge!

Solche Typen hat es zu meiner Zeit nicht gegeben. Die hätten wahrscheinlich erleichtert das Weite gesucht und ihren Namen geändert, um bloß nicht auf meinen Vater treffen zu müssen. Und dieses Exemplar hier macht sich tatsächlich Gedanken um die Folgen seines Handelns.

Ich nehme meinen Finger von Teresas Kinn und schürze die Lippen. „Tja, ich fürchte, dass Teresa in den sauren Apfel beißen muss, wenn ihr zwei eine Chance auf eure Freundschaft haben wollt."

Auch wenn ich noch nicht so recht weiß, wie ich das anstellen werde …

„Gibt es vielleicht irgendeinen Grund, weshalb du dich hier versteckt haben könntest? Irgendwas, was dein Vater annähernd nachvollziehen kann?"

Betreten begutachtet Hennings Tochter ihre Schuhe.

„Meine Mutter ist aufgetaucht." Es ist nicht der Satz als solches, sondern eher die Frustration und Wut, die in jedem dieser Worte mitschwingen. Ein Kloß steckt tief in meinem Hals und ich widerstehe dem Verlangen, sie wieder an mich zu drücken.

„Ich bin hier, weil ich sie nicht sehen will." Ihre Augen sind düster, als sie aufsieht, meinen Blick einfängt. Ich streichle ihr tröstend über das Knie, bin sogar davon überzeugt, dass mehr als ein Funken Wahrheit in diesen Worten zu finden ist.

„Okay." Meine Stimme ist kratzig, wenn ich an diesem Kloß vorbeispreche, also schlucke ich hart, in der Hoffnung, dass er verschwindet. „Das ist einleuchtend.“

Ich erhebe mich hastig und klatsche kurz in die Hände. „Gut, so machen wir das. Ben fährt mit uns, am Bahnhof lassen wir dich dann raus.“ Er nickt verhalten, noch immer nicht ganz davon überzeugt, dass es der einzig mögliche Weg ist, Teresa als alleinige Zielscheibe zurückzulassen. Ich bemerke sein Zögern, lächle ihm zu. „Sei unbesorgt, du bekommst deine Teresa heile wieder. Ich passe schon auf sie auf.“

Dann habe ich Hände im Nacken und Teresa drückt mich an sich. Ich bin für einen Augenblick überrumpelt von dieser plötzlichen Zuneigung, dann erwidere ich ihre Umarmung.

„Danke, Luisa. Vielleicht bist du doch nicht so übel …“

Ich klopfe auf ihre Schulter, ein Grinsen im Gesicht. „Du vielleicht auch nicht.“

Kapitel 20

Gemeinsam machen wir uns auf den Weg zum Jeep. Matthias sitzt bereits hinter dem Steuer, die Miene unwillig verzogen.

„Lasst mich kurz mit ihm sprechen, bevor wir losfahren.“ Die beiden bleiben im sicheren Abstand zum Auto stehen, während ich mich auf den Beifahrersitz schwinge.

„Was habt ihr ausgeheckt?“

„Ausgeheckt?“ Mit unschuldigem Blick begegne ich seinen Augen.

„Luisa, bitte. Ich bin nicht blöd. Also, welche Lügengeschichte habt ihr euch für Henning und den Rest des Dorfes zurechtgelegt?“

„Nun, ich finde, wir sollten es nicht dramatischer machen, als es ist.“

Er schnaubt verächtlich. „Sie ist abgehauen. Ohne irgendjemandem zu sagen, wo sie sich befindet. Noch dazu mit diesem … diesem … Jungen.“ Seine Hand macht eine abwertende Geste in Bens Richtung. Ich schürze die Lippen.

„Matthias, der Junge macht einen wirklich anständigen Eindruck. Hättest du dir die Mühe gemacht, mit den beiden zu sprechen, anstatt direkt so aus der Haut zu fahren, würdest du es genauso …“

„Sie ist 15 Jahre alt, Luisa. Ich muss mir gar nicht die Mühe machen, verstehst du das? Wer weiß, was die beiden hier oben getrieben haben?“ Ungehalten fährt er sich durch die Haare.

„Sie haben es nicht *miteinander* getrieben, das haben mir beide versichert.“

Meine Stimme wird lauter und Matthias‘ Kaumuskeln beginnen zu zucken. Aber seine Worte sind beherrscht und ruhig. „Ja, das haben sie dir erzählt, aber ich bitte dich. Ich war auch mal 15. Und sie hat doch schon gelogen, als sie die Praxis als Alibi verwendet hat …“

„Sie wollte ihrer Mutter nicht begegnen und Ben hat ihr Gesellschaft geleistet.“ Dieses Mal falle ich ihm ins Wort und sein entgeisterter Blick heftet sich auf seine Nichte.

„Das hat sie dir gesagt?“

„Ja, denn im Gegensatz zu dir habe ich mit ihr gesprochen.“ Ich verschränke meine Finger ineinander, betrachte ausgiebig meine Fingernägel.

So weit, so gut …

„Könnten wir uns darauf einigen, dass wir Ben nicht erwähnen? Das würde ein schlechtes Licht auf ihn werfen. Und er wollte Teresa nur beistehen.“ Als ich meinen Blick wieder aufrichte, starrt er noch immer auf das junge Pärchen, das ziemlich reumütig zwischen den Bäumen darauf wartet, dass ich sie ins Auto bitte.

„Hat sie wirklich gesagt, dass sie ihrer Mutter nicht begegnen wollte?“

Sein fassungsloses Flüstern lässt mich tief durch die Nase einatmen. „Ja, das hat sie.“

Er sieht mich an. Mit zusammengepressten Lippen. Kurz schließt er die Augen, ehe er nickt. „Also gut, aber erwarte nicht, dass ich das gutheiße. Sie bekommt ordentlich Ärger für ihr Verhalten. Und was dieses Kerlchen betrifft …“

„Ben. Sein Name ist Ben.“

So viel Zeit muss sein.

„Dann Ben eben. Was ihn betrifft, ich kann ihn nicht leiden.“

Ich lege meine Hand auf seinen Oberschenkel.

„Das wirst du lernen. Er ist wirklich ein nettes *Kerlchen*. Aber wenn wir Henning erzählen, dass er hier oben mit seiner Tochter die Zeit vergessen hat, wird ihm Henning wahrscheinlich das Fliegen beibringen.“

Matthias grunzt. „Das wäre ja wohl sein gutes Recht.“

„Sicher, aber die beiden mögen sich wirklich und es ist ja noch mal alles gut gegangen. Geben wir ihnen die Chance, es sich nicht direkt mit Henning zu verscherzen.“ Er springt auf meinen lockenden Unterton an. Ich spüre, wie er sich etwas entspannt. „Außerdem hat Ben Teresa nur beigestanden.“

„Sie hätte mit ihrem Vater oder mir darüber reden können.“ Er klingt nicht mehr wütend, eher ernüchtert.

„Ja, das hätte sie, aber wahrscheinlich wollte sie keinem von euch zur Last fallen.“ Ich setze mich ein wenig schräg auf den Sitz, ziehe ein Bein an, lege meinen Kopf auf das Knie.

„Matthias, mal ehrlich. Henning und du, ihr seid so sehr in euren persönlichen Disput versunken, dass keiner von euch sich die Zeit genommen hat, einmal mit Teresa über ihre Gefühle zu sprechen. Sie zu fragen, wie sie das alles so sieht. Habe ich recht?“

Er wendet mir seinen Oberkörper zu, verschränkt die Hände vor der Brust. Aber er erwidert nichts. Das ist mir schon Antwort genug.

Ich zucke mit den Achseln. „Lass uns fahren, ehe Henning noch hier oben auftaucht, weil deine Vorzimmerdame ihm das mögliche Versteck verraten hat.“

Ich öffne die Beifahrertür, um Teresa und Ben zu rufen, doch Matthias hindert mich daran.

„Luisa?“

„Mhmh?“ Ich drehe meinen Kopf in seine Richtung. Er wirkt ein wenig mitgenommen, räuspert sich kurz.

„Ich werde Henning nicht mehr als nötig verraten, versprochen.“

Meine Mundwinkel ziehen sich nach oben. „Und du wirst Ben mögen, das verspreche ich dir.“ Er schnaubt und startet den Wagen, während die beiden mit gesenkten Köpfen auf der Rückbank Platz nehmen.

Keiner spricht ein Wort und die Stimmung ist unangenehm aufgeladen. Durch den Rückspiegel beobachte ich Teresa, die gedankenverloren auf die Umgebung starrt. Ich kann ihre Nervosität fast fühlen und wieder kriecht das Mitleid zu diesem Mädchen meine Eingeweide hoch.

Nein, in ihrer Haut möchte ich wirklich nicht stecken, aber ich kann zumindest versuchen, ihr beizustehen.

Als der Wagen wieder gefestigten Boden unter den Rädern hat, versucht Matthias erneut, Henning zu erreichen. Dieses Mal hat er mehr Erfolg. Direkt nach dem ersten Klingeln nimmt dieser das Gespräch entgegen.

„Hast du sie gefunden?“ Dieser hoffnungsvolle Klang in seiner Stimme jagt mir einen Schauer über den Rücken. Ich höre Teresa nach Luft schnappen und greife mit der Hand hinter meinen Sitz, um ihre Finger zu umfassen.

Matthias wechselt einen kurzen Blick mit mir, ehe er antwortet. „Ja, alles ist in Ordnung. Ich bringe sie zu dir.“

„Wo war sie?“

„Das soll sie dir gleich selbst erzählen. Wohin sollen wir kommen?“

Wir sind am Bahnhof angekommen, aber Ben bleibt wie festgewachsen sitzen, starrt auf das Handy, das in seiner Vorrichtung steckt, lauscht dem Gespräch.

„Ich bin bei Leni, warte hier auf euch.“ Die Verbindung knistert, dann ist sie unterbrochen.

„Danke, Matthias, dass du sie gefunden hast.“ Matthias murmelt die Worte nur, aber nicht leise genug.

Selbst in diesem Moment sind die beiden nicht in der Lage, vernünftig miteinander umzugehen. Diese Kindsköpfe nerven mich gehörig. Ich verdrehe die Augen. Nicht unbemerkt.

„Was ist? Er hätte sich doch wirklich bedanken können, oder nicht?“ Matthias Blick verfinstert sich und fast muss ich loslachen.

Eine beleidigte Leberwurst, sieh an.

„Sicher hätte er das. Er wird dir noch danken. Gleich, wenn wir ankommen.“ Ich drehe mich um, beachte ihn einfach nicht weiter.

„Ben, es war schön, dich kennenzulernen.“

Er ergreift meine ausgestreckte Hand, noch immer ganz verunsichert.

„Danke für Ihre Hilfe, Luisa.“

Ich winke ab. „Schon in Ordnung. Jetzt mach, dass du raus kommst. Teresa meldet sich bei dir. Und beim nächsten Mal sehe ich dich dann offiziell im Kreis der Familie.“

Seine Nasenspitze wird blass, während seine Ohren sich leicht rot färben.

„Nun geh schon, es ist wirklich alles in Ordnung.“

Er zögert noch einen Moment, ganz so als überlege er, ob er auch Matthias die Hand reichen soll. Ein Seitenblick auf ihren Onkel lässt ihn jedoch ohne großartige Verabschiedung aus dem Auto steigen. Er murmelt lediglich ein dankendes *Bis bald* in Matthias‘ Richtung, der sich jedoch nicht dazu herablässt, dieses zu erwidern.

Armleuchter.

Mit hängenden Schultern verschwindet der Junge in das Bahnhofsgebäude und Matthias setzt unseren Weg fort.

Je mehr wir uns dem Hof meiner Oma nähern, desto hibbeliger wird Teresa auf der Rückbank. Sie wirkt verbissen und auch mir ist ein wenig übel. Ich kann nur hoffen, dass Henning sie nicht zu hart ins Gebet nehmen wird.

Matthias wird ihr keine Hilfe sein, sich ihrem Vater gegenüber zu behaupten. So viel ist aus seinem Gesicht bereits zu lesen.

Na, ich bin ja auch noch da.

Welches Glück für das Kind!

Teresas Vater steht bereits in der Einfahrt, als der Jeep auf den Hof einfährt. Ich kneife einen kurzen Moment die Augen zu, atme tief durch und ermahne mich zur Ruhe. Ganz so, als müsste ich jetzt Rede und Antwort stehen. Eine kribbelige Aufregung gepaart mit einem nervösen Flattern in der Magengegend.

Als Teresa aussteigt, reißt er sie ohne ein Wort an sich und die Erleichterung ist ihm förmlich ins Gesicht geschrieben.

Mein Herz quillt über und am liebsten würde ich mich zu den beiden gesellen. Ein Teil dieser kleinen Familie sein. Ebenfalls in Hennings Armen verschwinden. Seinen Herzschlag spüren, meine Hände in seinen Haaren vergraben …

Als mir dieser völlig dämliche Gedankengang ins Bewusstsein gelangt, schlage ich meinen Kopf innerlich vor den Türrahmen, in dem meine Großmutter plötzlich erscheint.

Wirklich, Luisa? Was ist nur los mit dir?

Langsam öffne ich die Beifahrertür, schwinge mich aus dem Wagen. Im Vorbeigehen zwinkere ich Teresa aufmunternd zu, was sie mit einem schüchternen, aber durchaus dankbaren Lächeln quittiert.

Auf dem Weg in die Küche küsse ich meine Großmutter auf die Wange, die vor Rührung noch immer ihre Hände auf die Brust gedrückt hält. Ihr Blick ist auf Vater und Tochter gerichtet. In meinem Inneren tobt ein kleines Chaos, also trete ich den lautlosen Rückzug an.

Henning hat seiner Tochter weder wütende Vorwürfe gemacht noch den Hintern versohlt. Sie kommt also vorerst ohne mich klar.

In meinem Zimmer lasse ich mich aufs Bett fallen und starre an die Decke.

Was waren das für verrückte fünf Tage? Ich bin unschlüssig, was ich mit dem Gefühlswirrwarr in mir anfangen soll.

Nun ja, erst mal ignorieren.

Freitag fahre ich wieder nach Hause. Und komme frühestens zur Geburtstagsparty wieder her. Das sind immerhin noch 8 Wochen.

Und überhaupt … Aus welchem Grund sollte ich all dem hier zu viel Bedeutung beimessen? Ein, zwei

Küsse. Hier und da ein Schätzchen. Nichts, worüber man sich den Kopf zerbrechen müsste. Oder?

Und so ein läppischer Kuss wird mich ja nicht völlig aus dem Takt bringen. Immerhin bin ich schon oft geküsst worden. Und auch anständig geküsst worden.

Wie in Trance berühre ich meine Lippen, bilde mir ein, Hennings Wärme darauf zu spüren. Ich schließe meine Lider und drücke mir das Kopfkissen auf das Gesicht.

Nein, auf keinen Fall werde ich mich in ihn verlieben.

Ich werde es nicht zulassen, dass er mich derart durcheinanderbringt.

Es wird Zeit, dass ich heimkomme. Und zwar schnell.

Allerdings werde ich die nächsten drei Tage noch aushalten müssen. Dann erst wird meine Mutter herkommen.

Ich muss mich einfach mehr einbringen in die Partyplanung. Dann vergehen die Stunden schneller und ehe ich mich versehe, bin ich bereits auf dem Weg nach Hause.

Ja, so wird es gehen. Eine friedvolle Co-Existenz mit Henning Josten.

Ich werfe das Kissen zurück und mache mich langsam wieder auf den Weg nach unten in den Garten. Nur um festzustellen, dass alle bereits verschwunden sind. Matthias ist zurück in dic Praxis. Henning ist mit Teresa nach Hause und meine Oma ist noch immer im Garten beschäftigt. Wehmut erfasst mich. Ich schlinge die Arme um meinen

Körper und starre einfach völlig blind in die Ferne, ohne irgendetwas wahrzunehmen.

„Luisa? Hörst du mir zu?"

Wie durch einen Schleier nehme ich die Gestalt meiner Oma wahr, die mit Strohhut, Kittel und Gummistiefeln mitten in den Rabatten steht, ein Schüppchen in der behandschuhten Hand.

„Nein, irgendwie nicht."

Sie schnaubt über mein Achselzucken und deutet mit der Schüppe in meine Richtung. „Tante Claudia sucht dich. Sie braucht noch irgendetwas … aber ich habe vergessen, was es war. Frag sie selbst, bitte." Damit wendet sie sich wieder ihren Blumen zu und nicht zum ersten Mal beschleicht mich das Gefühl, dass meiner Oma dieser ganze Trubel um ihren Geburtstag bereits zu den Ohren raushängt. Wie ich sie kenne, würde sie am liebsten eine nette Gartenrunde mit ihren Freunden veranstalten, anstatt mit lauter Menschen zu feiern, die sich sonst auch nicht um sie scheren.

Aber gegen den Willen meiner Mutter und ihrer Schwester ist leider noch kein Kraut gewachsen. Mag sie es auch noch so sehr zwischen ihren Blumen vermuten.

Sie wird sich in ihr Schicksal fügen müssen.

Ebenso wie ich, also mache ich mich auf die Suche nach meiner Tante, ehe ich mich um mein Auto kümmere, das noch immer vor der Tierarztpraxis steht.

Kapitel 21

~oOo~

Teresa ist außer Haus. Dieses Mal tatsächlich bei Matthias. Direkt nach der Schule. Da hat Henning sich rückversichert. Auch, dass sein zänkisches Exweib nicht anwesend sein wird.

Aber die hat sich, wie bereits vermutet, längst wieder abgesetzt. So viel zur brennenden Mutterliebe.

Sie hatten vergangenen Abend ein ausführliches Gespräch, Teresa und er. Es hat ihm fast das Herz zerrissen, ihre Ängste mit anzuhören zu müssen.

Auch dass sie ihrer Mutter in keinem Fall begegnen möchte.

Ihm ist das nur recht und lieb, dennoch war er immer davon ausgegangen, dass ihm am Ende einfach keine andere Wahl bleiben würde, als es stillschweigend hinzunehmen, wenn Marie sich wieder in ihrer beider Leben drängt.

Jetzt, da er allerdings weiß, dass es auch Teresas Wunsch ist, keinen Kontakt zu ihrer Mutter zu haben, hat er sein Wort gegeben, dafür zu sorgen, dass es vorerst auch so bleibt.

Das unerfreuliche Telefonat mit Maries Bruder hat er noch immer im Ohr, aber auch sein Schwager fügt sich Teresas Wünschen. Da ist sich Henning sicher. Immerhin ist er doch auch Teresas Onkel.

Um seinem Stress Herr zu werden, hat er eine Sonderschicht auf Pauls Hof eingelegt. Ställe gemistet. Nachdem er den eigenen Pferdestall auf links gedreht hat.

Seine Laune ist besser, auch wenn Teresas Traurigkeit schwer auf seinem Gemüt lastet. Er wünschte, er könnte sie davor beschützen. Verdammt, das ist schließlich seine Aufgabe als ihr Vater. Und dass ihm genau das nicht gelingt, lässt seine Wut auf Marie nur doppelt so schwer wiegen.

Hinzu kommt die Tatsache, dass Luisa gestern ebenfalls in Matthias Wagen gesessen hat.

Verflucht, was läuft da nur zwischen den beiden? Bootsmanns Gebell lässt ihn nur nachlässig sein Hemd überwerfen.

Als er Luisas Umrisse durch das Milchglas seiner Haustüre zu erkennen glaubt, beginnt sein Magen nervös zu flattern. Er fährt sich durch die vom Duschen noch feuchten Locken und atmet tief durch.

~oOo~

Wirklich, ich bin 33 Jahre alt und kenne meine Großmutter eben genauso lange. Ich durchschaue ihren billigen Kuppelversuch.

Immerhin stehen alle Zeichen auf Alarm. Schon seit meiner Ankunft.

Wie sie ihn anhimmelt. Dann diese Anspielung auf einen möglichen Traummann-Katalog, aus welchem

Henning Josten vergriffen wäre, würde es diesen besagten Katalog denn wirklich geben.

Dieses freudestrahlende Lächeln, als ich ihr unseren Kuss gebeichtet habe.

Aber ich tue ihr den Gefallen.

Augenscheinlich ahnungslos stehe ich hier. Mit einer sich eigentlich selbst verratenden Auflaufform für Vater und Tochter, gefüllt mit ihrem himmlischen Gemüsegratin.

Und der klitzekleinen Flunkerei, dass sie regelmäßig für die beiden kocht.

„Wirklich, Luisa, dass du das hinterfragst … Henning ist ein Mann und Teresa braucht mindestens eine warme Mahlzeit am Tag … Sie ist im Wachstum.“

Schon das diese Worte begleitende Kopfschütteln lässt mich demütig den Weg zum Karsten-Hof einschlagen.

Natürlich! Wer, wenn nicht Helene Kappelmann könnte dafür sorgen, dass diese Familie etwas Nahrhaftes auf den Mittagstisch bekommt?

Das ist eine ganz armselige Alleinerziehender-Vater-Falle. Und ohne mit der Wimper zu zucken, lässt meine Großmutter - mein eigen Fleisch und Blut - diese Falle über mir zuschnappen. Was ist nur aus der Welt geworden?

Tja, und nun stehe ich also vor Hennings Tür. Wie bestellt und nicht abgeholt.

Aber anscheinend hat mich tatsächlich niemand bestellt.

Erneut betätige ich die Klingel und das unverzüglich darauf folgende Hundegebell lässt mich vermuten, dass man meine Anwesenheit endlich zur Kenntnis nimmt.

Ich ziehe den Bauch ein und stelle mich gerade hin, als ich Schritte höre.

Echt jetzt, Luisa?

Und dann steht er vor mir, etwas verwundert, aber nicht unbedingt unerfreut. Immerhin öffnet er die Eingangstüre noch ein Stück, bittet mich in sein Refugium.

Seine Haare sind feucht, seine Jeans sitzt auf den schmalen Hüften und seine Füße sind nackt. Sein Hemd trägt er offen, sodass ich die feinen Haare seiner Brust bewundern kann, die sich verjüngen, nur um in einem schmalen Streifen in der Hose zu verschwinden.

Und ich bemühe mich darum, dass mir die noch warme Ofenform nicht aus den Händen gleitet.

Bei allen guten Geistern, meine Oma hat den Verstand verloren.

Ich habe noch immer keinen Ton gesagt, was Henning mit einem amüsierten Augenbrauenhochziehen beantwortet.

„Luisa?“

Ich räuspere mich, peinlich berührt, und halte ihm seine Mittagsmahlzeit unter die Nase. „Essen auf Rädern.“

„Soso. Na, dann komm mal mit.“

Und mir bleibt nichts anderes zu tun, als seinem durchaus niedlichen Hintern hinterherzuschmachten.

Mir läuft das Wasser im Mund zusammen und das hat wirklich nichts mit Essen zu tun.

Ich knirsche mit den Zähnen, als ich über die Schwelle trete und die Türe hinter mir schließe. Aus der Küche erklingt das Geräusch sich öffnender und schließender Schränke. Eine Besteckschublade wird durchsucht und ein rutschendes Geräusch lässt mich vermuten, dass die Teller auf einem Tisch ihren Platz finden.

Und ich stehe wie angewurzelt in einem ausladenden Flur. Rot-weiße Mosaikfliesen auf dem Boden, Reibeputz an den hell gestrichenen Wänden. Kinderfotos von Teresa und einem jüngeren Henning säumen sowohl den Gang zur vermeintlichen Küche als auch den Treppenaufgang in die nächste Etage.

Für einen kleinen Augenblick erfasst mich der Charme dieses liebevoll restaurierten und renovierten Hauses und empfängt mich warm und behaglich. Alles riecht sauber und frisch. Entweder hat dieses Haus eine Perle oder Henning findet Entspannung und inneren Frieden im Hausputz.

Nichts erinnert mehr an die einst baufällige Ruine. Der Bauer hat wirklich ganze Arbeit geleistet.

Ein großer, getigerter Kater schleicht zwischen meine Beine, als wäre das duftige Gemüse in meinen Händen genau sein Ding.

„Na, mein Freund, du bist ja zutraulich.“

Mit einem behaglichen Schnurren blickt er mit grünen Augen zu mir auf und schlingt seinen Schwanz besitzergreifend um meine Wade.

Ich beuge mich zu ihm herab, um ihn hinter seinem Ohr zu kraulen. Sofort schiebt er seinen Kopf fester in meine Hand, was mich zum Lachen bringt.

„Was ist? Ich dachte, du hast Hunger?“ Henning lehnt im Türrahmen mit vor der Brust verschränkten Armen und übereinandergelegten, noch immer nackten Füßen.

„Da hast du wohl irgendwas falsch verstanden. Das Essen ist für Teresa und dich. Vielleicht solltest du es mir abnehmen, ehe der Kater noch Gefallen daran findet.“

Mir wird bei seinem Anblick ganz krisselig, also übergebe ich ihm den Auflauf einfach in die Hand und widme mich lieber wieder der Katze.

Er verschwindet kurz in der Küche, ehe er sich erneut im Türrahmen positioniert. Eine Spur zu lässig. „Ich kann dich beruhigen, Casanova ist kein Vegetarier. Er baggert dich einfach nur an.“

„Casanova? Wer hat ihm denn diesen Namen verpasst?“ Jetzt kraule ich mit beiden Händen und besagter Frauenheld wälzt sich auf dem Boden, bietet mir seinen felligen Bauch an.

Sein Besitzer beantwortet es mit einem kleinen Grinsen. „Den hat er sich ganz allein ausgesucht. Sieh ihn dir doch an, wie schamlos er sich vor dir hin und her rekelt.“

Kichernd streiche ich über seidiges Fell. Ein genießerisches Brummen entfährt meinem kuscheligen neuen Freund. „Das hört sich fast so an, als wäre dein Herrchen irgendwie neidisch, hm?“

Ich beende mein flüsterndes Katz-und-Luisa-Gespräch, erhebe mich aus der gebückten Haltung, nur um unmittelbar vor Henning zum Stehen zu kommen.

„Sollte ich das denn sein? … Eifersüchtig?“ Seine raue Stimme vibriert durch meinen Körper. Sein Gesicht ist meinem verdammt nah und plötzlich spüre ich die Wärme, die von seinem Oberkörper ausgeht. Mein Herz setzt irgendwie zwei bis zehn Schläge aus und eine Armee Krabbeltiere bevölkert meinen Unterleib. Meine Handinnenflächen werden schwitzig und die Welt hört für einen Moment auf sich zu drehen, während seine Augen sich mit meinen verhaken. Er einfach noch einen Schritt auf mich zukommt. Sein Mund dem meinen immer näher.

~oOo~

Er hat zu lange darauf gewartet. Jetzt kniet sie hier, vor ihm, krault den Kater. Der Geruch ihres fruchtigen Shampoos steigt ihm in die Nase, kriecht durch seine Blutbahn, landet um einige Etagen tiefer, zwischen seinen Lenden.

Er widersteht dem Drang, sie an den Haaren auf Augenhöhe zu ziehen, um sie sich einfach zu nehmen, schluckt hart gegen dieses Verlangen an.

Dann erhebt sie sich von alleine und diese Lust, die in ihren Augen aufblitzt, lässt ihn schwer atmen. Unbewusst benetzt sie ihre Lippen.

Sein Schwanz beginnt zu zucken.

Irgendetwas löst diese Frau in ihm aus. Sie geht ihm unter die Haut, lässt ihn ratlos zurück.

~oOo~

Ich schlucke hart. „Teresa?"

„Nicht hier."

„Oh."

„Schiss?"

„Wie kommst du darauf?"

„Du bist so blass um die Nase."

„Lächerlich!"

Und schon liegen seine Lippen auf meinen. Weich und fest zugleich. Fordernd und doch zärtlich.

Seine Hände auf meinen Hüften, ziehen mich näher an seinen Körper. Seine Härte ist mehr als drängend und meine Mitte antwortet prompt mit einem ungeduldigen Klopfen.

Fast andächtig lässt er seine Finger über die Außenseite meiner Arme in Richtung Schulter kreisen und in mir kreist das blanke Verlangen. Das Blut rast fiebrig durch meine Venen, erhitzt meine Haut.

Hennings Zungenspitze verlangt Einlass in meinen Mund, beginnt ihren erotischen Tanz.

Ich atme ihn tief ein, den Duft nach frisch gewaschenem Mann und Henning. Mir wird ein wenig schwindelig von dieser Reizüberflutung.

Er umfasst mein Gesicht und ich werde zu Butter in seinen Händen. Meine Knie geben nach und ich lasse mich förmlich gegen ihn fallen, was ihn aufkeuchen lässt.

„Verflucht, Luisa. Wenn du es nicht darauf anlegst, dass ich dich gegen die nächste Wand drücke, wäre genau jetzt der allerletzte Moment, um hier zu verschwinden.“ Sein hitziger Atem an meinem Ohr jagt Schauer über meinen Rücken.

„Ich werde definitiv nirgendwo hingehen.“ Zur Bekräftigung meiner Worte lege ich meine Hände auf seine nackte Brust. Hennings Herz klopft fest und vertraut, sein Brustkorb hebt und senkt sich und ich presse meine Lippen auf sein Schlüsselbein, fahre mit der Zunge einen sinnlichen Weg über die pulsierende Ader seiner Halsbeuge, als er meinen Kopf vorsichtig, aber bestimmt an den Haaren in den Nacken zieht und mich so zwingt, ihn anzusehen.

Seine Augen blicken begehrlich an mir herab. „Ich meine das völlig ernst. Ich bin kein Typ für eine Nacht.“ Sein Daumen fährt über meine Unterlippe. Ich bekomme ihn zwischen meine Zähne und sauge ihn in meinen Mund, genieße den Ausdruck hilflosen Begehrens in seinem Gesicht, als ich ihn wieder freigebe und einen Kuss auf die Kuppe drücke.

„Ich ziehe dein Bett der Wand vor.“

Kapitel 22

Mehr braucht er nicht. Er umfasst meinen Po, hebt mich an. Mit um seine Hüften geschlungenen Beinen lasse ich mich von ihm tragen. Sein Kuss ist tief und lässt mich alles um uns herum vergessen.

Ich habe keine Ahnung, welche Richtung er anschlägt. Ob er die Treppe nimmt oder einfach nur um die Ecke geht. Bereits auf dem Weg, nach wohin auch immer, lasse ich meine Ballerinas von den Füßen fallen.

Mir bleibt keine Zeit, länger über diese seidige Tatsache nachzudenken, in der ich zum Liegen komme.

Henning über mir, meine Beine noch immer um seine Mitte.

Er lächelt mich an, fast ein wenig unsicher, und streicht mir hauchzart eine Haarsträhne aus dem Gesicht. Diese kleine zärtliche Geste lässt mich die Augen schließen. Er küsst meine Nasenspitze, mein Kinn, während seine Finger beginnen, meine Haut neugierig zu erforschen. Er findet den Weg unter mein Oberteil und ich halte in freudiger Erregung die Luft an, winde mich in seine Liebkosung, so gut ich kann.

Unbeirrt umkreist er mit dem Zeigefinger meinen Bauchnabel, zeichnet Muster auf meine Haut, fährt die Naht meines BHs entlang, streicht über mein Dekolleté und über die Ansätze meiner Brüste.

In mir überschlagen sich die Empfindungen auf seine angedeuteten Berührungen. Meine Haut prickelt erwartungsvoll und meine Brustwarzen pressen sich geschwollen gegen die Innenseite meines BHs. Er bedeckt meinen Hals mit kleinen Küssen und Bissen und ich beginne zu verstehen, was Frauen meinen, wenn sie behaupten, dass Männer, die Katzen ihr Eigen nennen, ganz besondere Liebhaber sind.

Ein Stöhnen entfährt meiner Kehle und er verschließt meinen Mund mit seinem. Die Ungeduld lässt mich an seinem Hemd zerren, bis er sich schließlich erbarmt und sich dessen entledigt.

Ich ertaste wohldefinierte Muskeln und warme Männerhaut.

Henning setzt sich auf, zieht mich mit sich. Etwas umständlich hilft er mir aus meinem eigenen Shirt und betrachtet mich ehrfürchtig.

Und ich fühle mich schön und begehrenswert unter seinen eindringlichen Blicken.

Der kleine Verschluss im Rücken öffnet sich fast von selbst und der BH gleitet über meine Schultern.

Seine Iris verdunkelt sich. Ein Hauch Zartbitter fließt über meine Brüste, die er mit den Fingerspitzen konturiert. Ich halte die Luft an. Unfähig mich zu bewegen, folge ich seiner fließenden Bewegung nur mit den Augen. Wie er die dunkle Spitze meiner Knospe mit seinem Daumen zu ihrer vollen Größe reizt.

Feuchtigkeit sammelt sich zwischen meinen Beinen und eine pulsierende Hitze verlangt nach Aufmerksamkeit.

Aber Henning lässt sich verdammt viel Zeit, genießt anscheinend den Augenblick. Also rutsche ich ein Stück näher zu ihm, lasse mein Becken kreisen, dränge mich gegen ihn, was er mit einem Kopfschütteln bedenkt. „Du bist ungeduldig."

„Und du kommst nicht zur Sache."

Er wirft den Kopf in den Nacken und beginnt zu lachen. Tief und männlich. So wie ich es bereits unzählige Male gehört habe. Doch heute lasse ich das Summen zu, das es in mir verursacht.

Mit einem Lächeln im Gesicht greife ich an den Bund seiner Jeans, verringere den Abstand zwischen unseren Körpern. Er hört auf zu lachen, und seine Gesichtszüge werden weich.

Genau diesen Ausdruck will ich sehen, wenn ich in seiner Nähe bin.

Dieser sehnsuchtsvolle, sexy verhangene Blick, der mich derart anmacht, dass ich fast vergesse zu atmen.

Überwältigt von dieser plötzlichen Einsicht umfasse ich seinen Nacken, zwinge ihn zu mir, küsse ihn.

Knabbere an seiner Unterlippe, zerwühle seine Locken und presse meine Brüste gegen seinen Oberkörper. Seine Haare kitzeln über meine Haut.

Erotisierende Stromstöße jagen durch meinen Unterleib, sammeln sich in einem sehnsuchtsvollen

Ziehen zwischen meinen Beinen und entlocken mir ein Wimmern.

Ich verfluche den Stoff zwischen uns, als ich mich aufreizend gegen ihn drücke. Auch, um mir die so dringend benötigte Erleichterung zu verschaffen. Seine Erektion ist deutlich zu spüren und sein kehliges Aufstöhnen lässt mich erzittern.

Ich zwinge ihn auf den Rücken, positioniere mich über seinem Körper. Mit einer Hand öffne ich seine Jeans, ziehe sie über seine Oberschenkel. Befreie seinen Penis aus der Boxershorts. Reibe meinen Schritt über die samtige Haut seiner Eichel.

Ich sehe ihm in die Augen, möchte genau beobachten, was es mit ihm macht. Wie sich sein Gesicht verändert, seine Augen.

Er zieht scharf die Luft ein und nimmt seine Unterlippe zwischen die Zähne, während ich eine Faust um ihn bilde, ihn auf und ab massiere. Seine Hände krallen sich in meine Schultern, meine Haare. Sein Atem geht stoßweise. „Fuck, Luisa … du solltest jetzt besser …“

Dann schließt Henning die Augen und ein Ruck geht durch seinen Körper, heiß ergießt er sich auf meine Finger, während meine Hand langsamer wird, sich von ihm löst.

~oOo~

Henning würde am liebsten im Erdboden versinken. Das war mit Sicherheit die schnellste zwischenmenschliche Begegnung seines Lebens.

Was soll Luisa nur von ihm denken? Wie ein blutiger Anfänger ist er gekommen. Quasi in seine Hose. Nach gefühlten zehn Sekunden.

Wahrscheinlich waren es sogar nur neun.

Und doch hatte er plötzlich keine Macht mehr über sich, war nicht in der Lage, sich zurückzuhalten.

Wie ein blutiger Anfänger.

Er hat es noch nicht mal geschafft, sie auszuziehen. Was für ein kläglicher Beweis seiner Liebeskunst.

Hätte einer seiner Freunde ihm eine solche Geschichte präsentiert … Himmel, hätte er gelacht.

Er erhebt sich, küsst sie zart. Versucht, sich nichts von seiner inneren Auseinandersetzung mit sich selbst anmerken zu lassen.

Verflucht, wenn sie nur nicht so süß schmecken würde.

Überwältigt von der Flut seiner Gefühle drückt er sie zurück in die Kissen. Ohne den Blick von ihr zu nehmen, platziert er sich über Luisa, senkt seinen Kopf, drückt Küsse auf ihren flachen, weichen Bauch. Wandert mit der Zunge tiefer und tiefer, bis es ihr einen wohligen Seufzer entlockt. Lächelnd öffnet er ihre Hose, schmeckt ihre darunter liegende Haut und genießt ihr Winden unter seinen Händen.

Das entschädigt ihn fast für seinen Fauxpas von gerade eben.

Ihrer Lust scheint das keinen Abbruch getan zu haben. Im Gegenteil.

Er bemerkt durchaus die Blicke auf seinem Körper, als er ihr langsam die Hose über die Schenkel zieht. Noch immer fällt es Henning schwer zu glauben, dass Luisa hier neben ihm in seinem Bett liegt.

Was hier zwischen ihnen passiert.

Und doch antwortet sein Körper wie von selbst auf jede ihrer Bewegungen, auf ihren Duft, auf diese kleinen, unverkennbar erregten Laute, die sie unablässig von sich gibt.

Henning will sie besitzen, jeden Zentimeter ihrer Haut erkunden, berühren.

Er nimmt durchaus zur Kenntnis, wie sich Luisas Hände links und rechts in die Bettdecke krallen, als er ihre Schenkel für sich öffnet.

Er kann ihre Erregung riechen und sein Schwanz beginnt erneut zu zucken. Den schwarzen Slip schiebt er einfach beiseite, versengt erst einen, dann einen weiteren Finger tief in ihr. Reibt wie zufällig mit dem Daumen über die geschwollene Perle. Ihr lustvolles Keuchen lässt ihn erneut hart werden.

Was macht diese Frau nur mit ihm?

~oOo~

Henning spreizt meine Beine noch ein wenig mehr und senkt seinen Kopf.

Das ist eindeutig zu viel für mich.

Zitternd zwinge ich meine Fersen in die Matratze und atme tief durch die Nase ein, als seine Zunge zielgenau den Punkt trifft, der mich in Flammen setzt. Kleine Blitze schießen hinter meinen geschlossenen Lidern und eine sengende Hitze erfüllt meinen Körper, als die Wellen meines Höhepunktes mich explosionsartig erfassen. Immer und immer wieder.

Schwer hebt sich mein Brustkorb, noch völlig übermannt von meiner soeben erlebten Schwerelosigkeit, öffne ich die Augen.

Und schon habe ich seine Lippen auf meinen, schmecke den Moschus meiner Lust noch auf seiner Zunge und registriere das erneute Ziehen zwischen meinen Beinen.

Sein Penis drückt gegen meinen Bauch, doch ich bemerke sein Zögern.

„Es tut mir leid, ich habe keine Kondome." Henning murmelt gegen meine Lippen, schiebt sich ein wenig von mir.

„Ich bin versucht zu behaupten, dass in dem Gratin meiner Oma wahrscheinlich welche verbacken sind." Ich hebe meinen Kopf, treffe seine leuchtenden Augen.

„Da könntest du sogar recht haben. Es würde mich zumindest nicht weiter wundern." Er runzelt lächelnd die Stirn und ich bin mir mehr als sicher, dass er ebenso gerne einen Schritt weiter gegangen wäre.

„Es tut mir leid, dass es so schnell vorbei war.“ Er wirkt geknickt, als er sein Kinn auf meinem Bauch ablegt.
Mein Gesicht wird heiß, bei der Erinnerung an meinen Höhepunkt.

Himmel, dafür musst du dich doch nicht entschuldigen.

„Ich fürchte, ich stehe dir in nichts nach. Das hat allerhöchstens 15 Sekunden gedauert.“

Henning streicht über die Innenseite meiner Schenkel. „Na Gott sei gedankt, dann werde ich zumindest nicht das nächste Gesprächsthema auf einem Weiberabend.“

„Das kann ich dir noch nicht versprechen. Ich brauche meinen kleinen Überflieger ja nicht zu erwähnen.“

Ein Biss unterhalb meines Nabels lässt mich zusammenfahren.

„Autsch, wofür war das denn?“ Ich verkralle mich in seinen Haaren, ziehe ihn zu mir.

„Für dein vorlautes Mundwerk. Ich habe das Gefühl, manchmal täte man gut daran, es dir zu stopfen.“ Erneut küsst er mich und bringt mich so zum Schweigen.

Aber aufgeschoben heißt ja nicht aufgehoben. Oder wie lautet dieses Sprichwort noch gleich?

Denn ich würde lügen, würde ich behaupten, nicht enttäuscht zu sein. Auch wenn ich auf meine Kosten gekommen bin, hätte ich ihn gerne in mir gespürt.

Mein Bauer liegt auf dem Rücken, ich mit dem Kopf auf seiner Brust.

Eine Wohlfühlkuschelzone für Luisa!

Mit einem wohligen Knurren lausche ich dem Klang seines Herzens unter meinem Ohr und atme seinen unwiderstehlichen Geruch tief ein.

Er drückt mir seine Lippen auf den Scheitel.

„Ich freue mich darüber, dass heute du vorbeigesehen hast und nicht Leni … sogar sehr."

Mein Herz macht einen unkontrollierten Hüpfer bei seinem Geständnis. Doch noch will ich es ihm gegenüber nicht wirklich zugeben. Also entgegne ich in meiner üblichen unverbindlichen Art. „Was blieb mir anderes übrig? Immerhin hat mich meine eigene Großmutter mit einem ganz schmutzigen Trick hierhergelockt. Oder willst auch du mir womöglich erzählen, dass sie euch ständig mit Essen versorgt?"

Ich lasse seine Brusthaare durch meine Finger gleiten.

„Nun, was soll ich darauf antworten, ohne meine womöglich einzig warme Mahlzeit am Tag aufs Spiel zu setzen?"

Ich sehe kurz zu ihm auf, und er lässt seine Augenbrauen auf und ab tanzen. Ich klapse ihm auf den Brustkorb, er fängt jedoch meine Hand ab, hält sie kichernd fest.

Für einen kleinen Moment spricht keiner von uns ein Wort. Und vielleicht wäre ich sogar eingeschlafen.

Hennings kraulende Hand in meinen Haaren, sein regelmäßiger Herzschlag lassen mich entspannt und schläfrig zurück.

Mein angewinkeltes Bein liegt quer über seinem Körper, meine Hand noch immer fest und warm in seiner eigenen verborgen, mittig auf seiner Brust.

Ein tapsendes Geräusch holt mich aus dem Sekundenschlaf. Und noch bevor ich reagieren kann, zieht Casanova seinen felligen Schwanz durch mein Gesicht, platziert sich mit einem Brummlaut irgendwo neben Henning auf das Bett.

„So ein eifersüchtiger Gockel. Wirklich, dieser Kater geht manchmal zu weit in seinem Irrglauben, dies wäre sein Bett." Henning schubst ihn an, was den Stubentiger jedoch nicht weiter zu kümmern scheint. Er blinzelt hoheitsvoll in unsere Richtung und legt den Kopf demonstrativ und auch ein wenig arrogant auf die andere Seite seines Körpers, uns abgewandt. Und mir bleibt nichts, außer zu hoffen, dass zumindest der Hund seinen Platz in diesem Haus kennt.

Kapitel 23

Es ist bereits früher Nachmittag, als ich den Heimweg antrete. Mit einem Grinsen im Gesicht, sicherlich leicht debil, und dem Gefühl, Bäume ausreißen zu können.

Jetzt brauche ich unbedingt Zeit für mich.

Ich gestehe, ich bin ein wenig überrannt von den Ereignissen. Auch von meinem eigenen Verlangen, Henning näher an mich heranzulassen, als ich es für gewöhnlich zulasse.

Und das, obwohl ich ihn eigentlich widerlich selbstgefällig und schrecklich anmaßend finde.

Na ja, manchmal muss man wohl seinen ersten Eindruck noch mal revidieren.

Meine Lippen fühlen sich geschwollen an und noch immer ist mein Körper völlig überhitzt.

Bei der Erinnerung an Hennings Hände auf meiner Haut, an das Erbeben, welches seine Zunge in mir entfacht hat, zieht sich mein Unterleib sehnsüchtig zusammen.

Jetzt mach aber mal halblang, Luisa! Du tust gerade so, als hätte der Bauer soeben das Rad neu erfunden.

Ich blicke in den Rückspiegel und strecke mir selbst die Zunge heraus.

Denn irgendwie hat er das anscheinend doch getan.

Immerhin bin ich nicht sofort geflüchtet und ich werde ihn definitiv ein weiteres Mal treffen.

Und das soll schon etwas heißen.

Meine Mutter wird stolz auf mich sein.

Dabei haben wir noch nicht mal richtig miteinander geschlafen. Lediglich ein bisschen gefummelt.

Und das alleine hat mich schon ungemein scharfgemacht.

Kribbelig presse ich meine Beine fester zusammen und atme tief durch die Nase ein und den Mund wieder aus, als der Wagen vor dem Haus meiner Großmutter zum Stehen kommt.

„Na, dann wollen wir mal …“ Vor mich hin murmelnd, krame ich in meiner Handtasche nach dem richtigen Schlüssel. Aber irgendwie scheint er in diesen unendlichen Weiten verloren gegangen zu sein … „Wo steckst du nur? Verflixt, vorhin hatte ich dich doch noch …“ Kurz entschlossen kippe ich den gesamten Inhalt dieser eigentlich überschaubaren Tasche auf den Boden vor die Haustüre. Als das schwarzglänzend verpackte Kondom vor meinen Füßen zum Liegen kommt, schließe ich für einen klitzekleinen Moment die Augen.

„Was bist du nur für ein hoffnungsloser Fall, Luisa Schwartz?“ Grinsend schiebe ich es in die kleine Seitentasche meiner Handtasche zurück und schließe mit klopfendem Herzen den Reißverschluss.

Beim nächsten Mal bin ich besser vorbereitet!

Alleine der Gedanke daran, was mit diesem kleinen Schatz alles hätte passieren können – und auch passiert wäre – lässt meine Haut glühen.

Mit heißen Ohren krame ich den Haustürschlüssel aus dem kleinen Haufen Habseligkeiten meines derzeitigen Daseins, ehe ich den Rest achtlos wieder in der Tasche verschwinden lasse.

Jetzt brauche ich erst mal eine Dusche und dann ein Glas Wein - völlig egal, was es mit mir macht. *Na ja, vielleicht doch nur ein klitzekleines …*

Und die Mutter meiner Mutter ist mehr als bereit, mir hierbei Gesellschaft zu leisten. Sie schleicht sich förmlich in den Garten, um unbemerkt an ihrer Tochter vorbei und neben mir auf der Hollywoodschaukel Platz nehmen zu können.

Ich kann mir ein Kichern nicht verkneifen, als sie mit einem tiefen Seufzer nach meinem Rotweinglas greift und fast in einem Zug leert.

„Ja, lach nur über eine alte Frau. Aber glaube mir, das Leben mit meinen Töchtern gestaltet sich nicht unbedingt leichter, nur weil wir nicht mehr unter einem Dach wohnen. Und ich habe das Gefühl, Claudia wird mit jedem Jahr schlimmer. Sie sollte sich mal wieder einen Mann suchen, der sie auf andere Gedanken bringt."

„Oma, hör auf damit, dich mit mir über so was zu unterhalten. Ich verliere noch den Respekt vor dem Alter." Ich schenke mir noch ein Gläschen nach.

Immerhin hat meine Großmutter den Großteil des vorherigen Inhalts soeben für sich selbst beansprucht.

Selbige blickt mich schief von der Seite an. „Wirklich, Luisa? Bisher hatte ich nicht das Gefühl, irgendwie hinter dem Berg halten zu müssen.“ Das Blitzen in ihren Augen entgeht mir nicht. „Wo wir gerade davon sprechen … wie war der Auflauf?“

Diese so fürchterlich harmlos anmutende Frage lässt mich glatt am Wein verschlucken. Sie klopft mir in großmütterlicher Manier auf den Rücken. „Nanana, wer wird denn gleich …? Immerhin hatte ich eine leise Hoffnung, dass ihr endlich mal Nägel mit Köpfen macht. Es ist ja nicht auszuhalten, wie Henning und du ständig umeinander herumschleicht und nichts gebacken bekommt.“

„Nicht dein Ernst, oder?“ Ich krächze haltlos und schnappe nach Luft. „Ich hatte ja bereits eine fiese Vorahnung, aber es schockiert mich, dass ich mit meiner Vermutung tatsächlich recht habe.“

„Also ist es mir gelungen?“ Sie grinst über das ganze Gesicht und ich kann ihr gar nicht wirklich böse sein.

„Nun ja, sagen wir es so … du warst nicht ganz erfolglos.“

Sie quietscht auf.

Ich lächle halbseitig und nehme einen Schluck Wein. Auch um mein nervöses Inneres zu beruhigen. *Jetzt ist es also raus.*

Gut, wir haben noch kein Hochzeitsdatum bekannt gegeben. Henning ist auch noch nicht offiziell in die Familie eingeführt und auch sonst stehen wir am Anfang von irgendwas. Aber damit bin ich immerhin schon 12 bis 20 Schritte weiter, als ich es in den letzten Jahren überhaupt hätte sein wollen.

„Eigentlich sitze ich hier, um darüber nachzudenken. Aber du trinkst meinen Wein und unterbrichst meine Gedanken …"

Sie klapst auf meinen Oberarm. „So ein Mumpitz. Was gibt es da noch zu überlegen? Du wirst auch nicht jünger. Und sei ehrlich zu dir selbst … so einen Kerl findest du nirgendwo anders."

Ich bin empört und bringe das auch zum Ausdruck. „Jetzt mach aber mal `nen Punkt … was soll das heißen, *ich werde auch nicht jünger?* Ich bin 33 Jahre alt und du wirst immerhin schon 85. Und wenn du so genau weißt, wie das mit den Männern funktioniert, wieso machst du dann nicht endlich bei Paul den Sack zu, he?" Ich kneife die Augen zusammen und beobachte, wie sie rot anläuft unter meinen Worten.

Dann räuspert sie sich, streckt den Rücken durch und bohrt mir ihren Zeigefinger fast schmerzhaft in die Brust. „Du bist ein Klugscheißer, Luisa. Also, von mir hast du das nicht, so viel ist mal sicher. Und was Paul angeht … das geht dich überhaupt nichts an …"

Während sie sich in Rage redet, schnappe ich nach ihrem ausgestreckten Finger und nippe an meinem Getränk. „Du bist so süß, wenn du dich aufregst. Hat Paul dir das schon mal gesagt?"

Sie hält inne und beginnt zu lachen. Sehr laut. Und ich kann nicht anders, als mit einzustimmen.

Was meine Tante in den Garten lockt. „Ach, hier seid ihr. Ich habe euch schon überall gesucht."

Oma Leni schnauft enervierend und ich beuge mich vor, um ihr einen Kuss auf die Wange und den Wein in die Hand zu übergeben.

„Hier, trink du ihn lieber. Ich fürchte, du hast ihn jetzt nötiger." Und mit einem Augenzwinkern erhebe ich mich aus der Schaukel, winke meiner Tante. „Ja, wir sind hier. Das heißt, … ich gehe nach oben, aber Oma freut sich über deine Gesellschaft."

Das hast du jetzt davon, du alter Drachen.

Meine Großmutter zeigt mir einen Vogel und ich mache mich lachend auf den Weg in mein Zimmer.

Mein Handy liegt vergessen auf dem Bett und blinkt hektisch.

Schon alleine der Gedanke, dass es Henning gewesen sein könnte, der sich bei mir gemeldet hat, lässt mich versonnen lächeln. Ich lasse mich rücklings in die Daunen fallen und öffne die Nachricht.

Hey, schöne Frau.
Ich hoffe, du bist gut nach Hause gekommen.
Sehen wir uns vielleicht später?

Mein Herz macht einen Satz.

Was verstehst du unter später?

Ein Blick auf die Uhr verrät mir, dass es jetzt schwierig wird, in den nächsten Stunden das Haus zu verlassen, ohne neugierige Blicke oder noch neugierigere Rückfragen zu ernten.

Dennoch fühle ich mich merkwürdig aufgeregt bei der Idee, heimlich aus dem Haus zu schleichen, um mich mit meinem Freund zu treffen.

Wie ein Teenager in der schlimmsten Pubertät. Herrlich.

Gegen 20:00 Uhr am See?
Ich muss noch auf eine
Hunderunde mit Bootsmann.

Nun gut, irgendwie schaffe ich es schon unbeschadet aus dem Haus. Grinsend tippe ich die Antwort.

Das kriege ich hin …
Warte auf jeden Fall auf mich.

Es vibriert nur Sekunden später in meiner Hand.

Ich freue mich! xxx

Und ich mich erst!

Eigentlich sollte mir dieses Gefühl Angst und Schrecken einjagen. Es passt so gar nicht zu mir.

Diese Vorfreude auf einen Mann. Und dann auch noch auf ein ganz bestimmtes Exemplar dieser Gattung.

Aber komischerweise erfüllt es mich nur mit Ungeduld, nicht sofort losstürmen zu können, sondern wirklich noch geschlagene zwei Stunden totschlagen zu müssen, ehe ich mich überhaupt auf den Weg zum See machen kann.

Wirklich kurios.

Ich befreie mich aus den Daunen und durchstöbere meinen Kleiderschrank. Zumindest die minimale Auswahl dessen, was mir hier zur Verfügung steht.

Röckchen und Blüschen kommen wohl nicht infrage … die hohen Hacken lasse ich auch lieber stehen … das hatten wir schon. Nur Bikini? Wohl doch schon zu kalt. Obwohl …? Nein!

Grinsend schiebe ich ihn wieder in die Schublade, neben meine Unterwäsche. Was mich sofort überlegen lässt, was ich nach dem Duschen *für drunter* ausgewählt habe. Ein Slip mit roten Herzchen und ein nicht dazu passender nudefarbener BH ohne Nähte.

Großes Kino, Luisa. Wenn du dich jetzt noch lasziv rekelst, kommt er wahrscheinlich vor Lachen gar nicht erst aus den Schuhen.

Aber was soll ich sagen? Die hübscheste Unterwäsche meines Fundus hatte ich heute Mittag bereits an. Absolut unterbewusst, selbstverständlich.

Was soll's? Am See wird er mich sicherlich nicht verführen.

Der Hund ist ja immerhin auch noch da.

Luisa Schwartz geht freiwillig mit dem Hund.

Das glaubt mir niemand.

Ich schließe die Türe meines Schrankes und lasse einfach alles, wie es ist. Meine Jeans, das T-Shirt, die Strickjacke und meine Sneaker. Auch die Unterwäsche. Meine Haare binde ich zu einem Pferdeschwanz. Noch ein Hauch von Lipgloss. Fertig.

Wir wollen ja nicht gleich übertreiben. Wie sähe das auch aus?

Es ist immer noch zu früh, aber ich bin zappelig. Daher entschließe ich mich, schon mal vorzugehen. Wenn ich einen großen Umweg laufe, bin ich um 20:00 Uhr am Treffpunkt.

Mit der Strickjacke über den Schultern mache ich mich auf den Weg. Und entgegen meiner ersten Befürchtung nimmt die Familie den abendlichen Ausflug lediglich beifällig zur Kenntnis und ich werde den Teufel tun, sie unnötig aufzuklären. Hierfür ist später noch genügend Zeit.

Obwohl, wenn ich es genau überdenke, hatte die alte Frau ein wissendes Grinsen im Gesicht.

Kapitel 24

Es ist Mittwochabend. Entsprechend leer sind die Straßen. Unter der Woche werden die Bürgersteige sehr früh hochgeklappt. Die Bauern kümmern sich ums liebe Vieh und ihre Frauen um das Abendessen.

Nur die übrig Gebliebenen sitzen auf ein letztes Bier bei Tillmann in der Kneipe.

Und ich? Ich laufe ein wenig ziellos durch die Straßen, genieße die Stille um mich herum und versuche, das nervöse Flattern in meinem Magen wegzuatmen.

Ich brauche mir gar nichts vorzumachen. Henning hat mich absolut umgehauen. Einfach so. Und versehentlich habe ich mich in ihn verknallt.

Aber wer hätte auch damit rechnen können, dass ich blonde Locken derart anziehend finden könnte?

Oder dass ein Kerl, der mich unablässig piesackt und provoziert, es letztendlich schafft, mich so zu manipulieren, dass ich in seiner Gegenwart weiche Knie bekomme?

Meine Oma hat völlig recht. Egal wie sehr man sich dagegen wehrt, wenn es passiert – passiert es einfach. Und es bleibt einem nichts anderes übrig, als damit zu leben.

Aber bin ich schon so weit, damit zu leben?

Um diese Frage bejahen zu können, müsste ich die Konsequenzen einer tiefergehenden Liebelei mit Henning Josten erst mal genau durchdenken.

Ich wohne immerhin in der Stadt, Henning auf dem Land. Ich habe einen Job, der mich beansprucht, jede Menge High Heels und Bleistiftröcke. Ganz zu schweigen von den Seidenblüschen und Handtaschen.

Alles Ausflüchte, Luisa. Billige Ausreden, um keine Verantwortung zu übernehmen.

Nun gut, da wäre noch Teresa. Aber mein Bauchgefühl verrät mir, dass wir auf dem besten Weg sind, noch mal von vorne zu beginnen. Und wer weiß, vielleicht werden die kleine Göre und ich ja sogar so was wie Freundinnen.

Ein Grinsen schleicht sich in mein Gesicht, als ich den kleinen Waldweg einschlage, der zum alten Entenfang führt. Von dort komme ich schnell zum See.

~oOo~

Henning fährt sich durch die verschwitzten Locken. Die Steigbügel schlägt er über den Sattel und lässt die Beine baumeln, während Lord Byron am langen Zügel gemächlich den Weg nach Hause einschlägt. Ein Blick auf die Uhr verrät ihm, dass er noch genügend Zeit hat, um sich zu duschen, ehe er sich mit Luisa trifft.

Luisa.

Alleine die flüchtige Erinnerung an den heutigen Mittag lässt sein Herz unangemessen gegen seine Rippen schlagen.

Er beißt sich auf die Unterlippe, um dieses dämliche Dauergrinsen zu unterdrücken.

Nichts hätte ihn darauf vorbereiten können.

Ausgerechnet Lenis Enkelin lockt ihn aus der Reserve.

Ihn, der jeglichem Beziehungsterror abgeschworen hatte, nachdem Marie so sang- und klanglos verschwunden ist.

Er wagt es jedoch noch nicht, weiter zu denken, als bis zum Ende dieser Woche. Wenn Luisa wieder von hier verschwindet.

Vielleicht sollte er sie später am Abend darauf ansprechen. Wie es weitergehe.

Aber vielleicht ist es ja auch noch zu früh für tiefgründige Gespräche?

Grundgütiger, er ist völlig aus der Übung. Das wird ihm erst jetzt richtig bewusst.

Henning streckt die Nase in den Himmel und schließt für einen kleinen Moment die Augen.

Sein Fuchswallach kennt schließlich den Weg zurück zum Stall.

~oOo~

Ich vernehme das Hufgeklapper, noch ehe ich dieses Geräusch überhaupt einem Pferd zuordnen kann.

Ich bin sowieso nicht gut in so was. Geräusche erkennen, geschweige denn eine Richtung orten, aus der sie zu kommen scheinen.

Aber immerhin ich habe das Gefühl, es nähert sich von hinten. Ein Blick über meine Schulter lässt mich nach Luft schnappen. Henning sitzt auf diesem riesigen Pferd, mit geschlossenen Augen, baumelnden Füßen und durchgestrecktem Rücken.

Er hat mich noch nicht bemerkt und ich drücke mich ein klitzekleines bisschen tiefer ins Gebüsch, beobachte ihn.

Ein leichtes Lächeln umspielt seine Lippen und nur zu gern möchte ich mich der Illusion hingeben, dass ich der Grund dafür bin. Er sieht zufrieden aus. Und so verdammt sexy.

Verflixt, es steht wirklich nicht so gut um mich und meinen Vorsatz, mich auf keinen Fall zu verlieben. Und dann auch noch in diesen Bauer. Hier ist eindeutig zu viel Dopamin im Spiel.

Genau, ich bin auf Droge … warum bin ich nicht sofort darauf gekommen?

Er trägt enge Hosen, die in schwarzen Stiefeln stecken. Sein Poloshirt umschmeichelt seinen Oberkörper und die wiegende Bewegung seiner Hüften bei jedem Schritt des Pferdes lässt mir förmlich das Wasser im Mund zusammenlaufen.

Ich schiebe meine Hände tief in die Hintertaschen meiner Jeans und gebe meinen Beobachtungsposten auf. Das Pferd ist mir nah genug, um neugierig die Ohren zu spitzen und seinen Kopf in meine Richtung zu drehen. Es kaut auf seinem Gebiss und Schaum tropft aus seinem Maul auf den Waldboden. Der Pferdehals glänzt vom Schweiß und ein Henning, der mit kräftigen Bewegungen eine Handvoll Stroh immer und immer wieder über das schweißnasse rötliche Fell reibt, erscheint vor meinem inneren Auge.

Tanzende Muskeln unter warmer Haut.

Eindeutig … Drogen!

„Hast du keine Angst vom Pferd zu fallen, wenn du mit geschlossenen Augen im Sattel sitzt?“

Der Schreck, der durch seine Glieder fährt, lässt mich fast laut auflachen, zwinge mich aber, es bei einem Grinsen zu belassen.

Der Fuchs schnaubt ein wenig ungehalten, als sein Reiter zusammenfährt und die Zügel wieder in Besitz nimmt.

„Luisa! Hast du mich erschreckt.“ Etwas ungläubig starrt er mich an, ganz so, als wäre ich soeben mit dem Raumschiff vor seinen Füßen gelandet.

Nun gut, irgendwie bin ich ja tatsächlich aus dem Nichts vor ihm aufgetaucht. Das lässt mich noch tiefer grinsen.

Verlegen fährt sich Henning durch die Haare, pariert das Pferd durch und kommt unmittelbar vor mir zum Stehen.

„Ist es ein Hobby von dir, dich in Bäumen oder im Gebüsch zu verstecken und mich zu beobachten?“

Ich weiß natürlich sofort, worauf er anspielt, und meine Wangen werden angemessen heiß. Ich hoffe jedoch, dass das Blätterwerk um mich herum nicht allzu viel davon preisgibt. „Seit Neuestem, wie mir scheint.“

Jetzt beginnt auch er zu grinsen. „Ich bin mir nur noch nicht sicher, ob ich beeindruckt oder lieber ängstlich sein soll. Man hört ja schlimme Dinge über Stalking-Opfer.“

Ich nicke zustimmend. „Na, dann wollen wir mal nicht hoffen, dass du mich dazu zwingst, zur Bestform aufzulaufen. Damit ist nicht zu spaßen, Bauer.“

Er lacht und streckt mir den Arm entgegen. Ich stutze selbstverständlich. Die Größe des Pferdes ist imposant und ich habe seit Jahren nicht mehr im Sattel gesessen.

Henning bemerkt mein Zögern.

Er winkt mich mit den Fingerspitzen des ausgestreckten Armes in seine Nähe. „Was ist? Du hast doch wohl keine Angst vor Pferden, oder?“

Ich beiße auf meine Oberlippe, noch immer unschlüssig, wie ich mich verhalten soll, als er das Pferd vorantreibt, einfach nach meinem Oberarm greift und ehe ich mich versehe, sitze ich hinter Henning Josten auf dem Pferderücken.

„Vor Lord Byron braucht man nun wirklich keine Angst zu haben.“ Noch immer umklammert Henning meinen Oberarm, als möchte er sich nochmals vergewissern, dass ich auch den richtigen Halt gefunden habe. Erst langsam lässt er mich los, deutet mir allerdings an, mich an ihm festzuhalten.

„Heißt er wirklich Lord Byron? Was hat es mit dieser Affinität zu schlüpfrigen Persönlichkeiten des vorletzten Jahrhunderts auf sich?"

„Schlüpfrig?" Das nervöse Tänzeln des Fuchses scheint ihn wenig zu beeindrucken, ebenso wenig wie das unwillige Schnauben ob des Mehrgewichtes, das er nun zu tragen hat.

Henning klopft ihm lediglich den Hals und flüstert einige Worte und schon setzt sich dieses Riesenvieh in Bewegung. Und ich schließe meine Arme absolut freiwillig um Hennings Mitte.

„Allerdings. Casanova … Lord Byron … bist du sicher, dass der Hund nur *Bootsmann* heißt und nicht etwa Marquis de Sade? Das Jahrhundert müsste stimmen, ebenso wie der literarische Hintergrund."

Wirklich, jeder Blick gen Boden lässt mich schlucken und beten, dass ich noch ein wenig auf dieser merkwürdigen Welt verbleiben darf. *Immerhin gibt es noch eine Geburtstagsparty zu organisieren.*

Henning lacht und drückt meine Finger, die sich förmlich um ihn krallen. „Glaub mir, das ist die einzige Art der Erotik, die ich mir gegönnt habe in den letzten Jahren."

Ich kann sein Augenzwinkern nicht sehen, bin mir aber ziemlich sicher, dass er sich über mich lustig macht. In meiner derzeitigen Situation fällt mir keine passende Antwort ein, also gönne ich ihm den kurzen Triumph und beschäftige mich lieber damit, mein nervöses Herzflattern in den Griff zu bekommen.

Und dabei bin ich nicht sicher, ob es dem Pferd oder dem Mann geschuldet ist.

Kapitel 25

Der Weg zum Karsten-Hof auf einem Pferderücken, an einen Mann angelehnt, der nicht nur unwiderstehlich duftet, sondern an den sich mein Körper so hervorragend anschmiegen kann, hat schon seinen ganz besonderen Reiz.

Nachdem meine erste respektvolle Feigheit dem Pferd gegenüber verflogen ist, beginnt mein Hirn mit seiner ganz eigenen Stressbewältigung.

Hennings Aftershave steigt mir in die Nase und weckt in mir den Wunsch, mein Gesicht in seiner Halsbeuge zu vergraben, um noch mal den einen oder anderen tiefen Zug davon zu inhalieren.

Die wiegende Bewegung des Pferdes presst meine Brüste gegen Hennings Rücken und das Blut schießt nur so durch meinen Körper und sammelt sich zwischen meinen Schenkeln, nur um in meinem Unterleib pulsierende Aufmerksamkeit zu fordern.

Ich bin nicht direkt überfordert, aber es gibt definitiv andere Orte, an denen ich jetzt lieber wäre.

Meine Finger spreizen sich unweigerlich über Hennings Brust. Es fällt mir nicht schwer, die Muskeln unter seinem Poloshirt zu ertasten. Meine Fantasie tut ihr Übriges.

Meine Stirn liegt gegen seinen Rücken und ohne, dass ich es verhindern könnte, entfährt mir ein sehnsuchtsvolles Aufseufzen.

Ehe ich weiß, wie mir geschieht, sitzt Henning ab und zieht mich hinter sich vom Pferd. Vage nehme ich die Umrisse des Karsten-Hofs wahr. Doch als ich in Hennings Armen lande und er seine Lippen auf meine legt, verschwindet die Welt um mich herum einfach.

Wie eine Ertrinkende erwidere ich seinen, alles andere als jugendfreien Kuss, lasse es zu, dass er mich rückwärts dirigiert und mit seinem Gewicht förmlich gegen eine Wand nagelt.

Seine Hände wandern ungeduldig über meinen Körper. Sein Knie zwischen meinen Beinen, stehe ich fast nur noch auf meinen Zehenspitzen, als er meinen Kopf an meinem Pferdeschwanz in den Nacken zieht und mit seiner Zunge eine heiße Spur entlang meiner pochenden Schlagader zieht. Und ich lasse ihn willenlos gewähren. Mit geschlossenen Augen, einem rasenden Puls und einer Ameisenarmee in meinem Magen, der sich immer wieder flirrend zusammenzieht, ähnlich wie bei einem Looping einer Achterbahnfahrt.

„Dieses kleine Muttermal ist übrigens absolut entzückend, Luisa. Das ist mir schon an unserem ersten gemeinsamen Frühstück ins Auge gefallen."

Ich beginne zu kichern, als er mit den Fingerspitzen kleine Kreise unter meinem linken Ohr zieht. Bei der Erwähnung unseres ersten *gemeinsamen Frühstücks*, wie er es so liebevoll umschreibt, ziehe ich meine Unterlippe ein und zwicke ihn in den Oberarm.

„Oh ja, ich erinnere mich. Du hast mich förmlich ausgezogen mit deinen Blicken."

Er fixiert meine Augen und flüssige Schokolade streichelt mein Gesicht. „Na, es war ja nicht so, als hättest du sonderlich viel angehabt." Ein V bildet sich über seinem Nasenbein, doch die kleinen Fältchen um seinen Mundwinkel verraten seine Belustigung.

Mit dem Zeigefinger fahre ich über seinen wunderschönen vollen Mund, sein Grübchen am Kinn, entlang seinem Shirtkragen. Beobachte den pochenden Herzschlag, das stetige Auf und Ab des kleinen silbernen Kreuzes an seinem Hals, nehme zur Kenntnis, dass er ebenso außer Atem zu sein scheint, wie ich es bin.

„Henning?" Nervös beiße ich auf die Innenseite meiner Wangen, noch gar nicht schlüssig mit mir selbst, was ich ihm sagen möchte, was ich ihn fragen will.

„Hmmh?" Er greift nach meinem Zeigefinger, umschließt ihm mit seinen Fingern, küsst die Spitze.

„Was ist das hier? Mit uns beiden?"

Seine Augen verhaken sich mit meinen und ich versinke in ihrer dunklen Tiefe. Meine Frage scheint ihn nicht überrascht zu haben.

Ein kleines Lächeln liegt auf seinen Lippen, als er sich zu mir herabbeugt, um mich zu küssen. Dieses Mal zart, verspielt. Seine Arme umfangen mich, halten mich und ich lasse mich gegen ihn fallen. Genieße seine Nähe, seine Stärke, während ich meine

Hände um seinen Nacken lege, um ihn noch näher an mich ziehen zu können.

Dann hält er inne, hebt mein Kinn an, studiert mein Gesicht. „Was immer du zulässt, Luisa. Es kann alles sein … oder nichts. Du gibst die Richtung vor und bestimmst das Tempo.“ Er hebt mein Kinn an und ich spüre den Ernst seiner Worte. So leise er sie auch gesprochen hat, bin ich mir mehr als sicher, dass er jedes Wort auch so gemeint hat.

„Jedoch wäre *nichts* absolut indiskutabel. Ich sagte bereits, ich bin kein Mann für eine Nacht.“ Sein heißer Atem streift meine Haut.

Überwältigt von dem Sturm, der in mir tobt, suchen meine Lippen seinen Mund und ich bin mir plötzlich bewusst, dass er genau das ist, was ich möchte. Henning Josten.

Ich möchte Henning Josten.

Jetzt! Ohne Kompromiss, ohne Zweifel. Einfach so.

Nach all den Jahren, nach all den Männergeschichten ohne Zukunft, den One-Night-Stands, diesen Unschlüssigkeiten, wohin ich möchte in meinem Leben, … hier scheint die Antwort zu sein.

Innerhalb kürzester Zeit und ohne Wenn und Aber.

Es ist etwas Wahres dran, wenn die Leute behaupten, dass frau es einfach weiß, wenn Mr. Right vor ihr steht.

Und egal, wie sehr sie sich auch immer dagegen gesträubt hat oder welche Ausflüchte und Entschuldigungen sie auch in der Vergangenheit gefunden haben mag. Er rückt die eigene Welt in ein anderes Licht.

Und das dauert manchmal eben nur ein paar Tage.

Ein Hufgescharre und Schnauben holt uns aus unserer trauten Zweisamkeit. Lord Byron bohrt seine Nüstern in Hennings Schulter, schubst ihn noch näher gegen meinen Körper. Jedoch alles andere als sanft.

Ich keuche auf. Henning grinst, greift nach Lord Byrons Halfter. „Da hat aber jemand die Nase voll von unserem Süßholzgeraspel, wie mir scheint."

Ehe er sich widerwillig von mir löst, um sein Pferd zu versorgen, küsst Henning meinen Scheitel.

Der Geruch nach Leder, Heu und Mist trägt mich zurück in die Kindheit. Als meine Großeltern selbst noch Pferdebesitzer waren und ich nichts spannender fand, als auf einem der beiden Haflinger über die Felder und Wiesen zu galoppieren oder im Heu zu übernachten.

Heute scheint das bereits Lichtjahre her zu sein und ich bin mir ziemlich sicher, dass ich morgen bereits von dem kurzen harmlosen Ritt auf Lord Byron vor Muskelkater keinen vernünftigen Schritt werde gehen können.

Als aus einem kleinen Verschlag ein Ziegenkopf erscheint, mich anstiert und lauthals ihren Unmut kundtut, erschrecke ich mich fast zu Tode. Auf dem kleinen, liebevoll gestalteten Schild ihrer Box steht unmissverständlich *„Tor zur Hölle"*.

„Jesses …" Mit der Faust vor der Brust lasse ich mich auf einem Heuballen nieder und starre einfach zurück. Das weiße Mistviech mä-hät mich an und reckt ihren Kopf immer weiter über das Gatter ihres Stalls, dass ich schon fast befürchte, sie macht gleich eine Rolle vorwärts aus ihrer Box und landet vor meinen Füßen.

Henning nimmt eine Möhre aus einem Jutesack und hält sie mir vor die Nase.

„Hier, du musst sie bestechen. Sie ist wirklich bösartig."

Ich riskiere einen kurzen Blick in sein Gesicht.

„Du meinst das ernst, oder?"

Seine gekräuselte Stirn glättet sich ein wenig, aber er nickt äußerst bestimmt. „Wirklich, ich würde niemals über den Charakter eines Tieres lügen. Ihr Name ist Lilith. Und sie lebt hier nur, weil Teresa ein zu großes Herz für gefallene Tiere hat."

Ich greife nach der Möhre. „Lilith … wieder so eine literarische Spielerei, he?"

„Und sie benimmt sich entsprechend dämonisch. Du solltest ihr die Möhre geben, sonst begeht sie noch Selbstmord vor lauter Gier."

Ich zwinge mich zu lächeln und erhebe mich langsam, gehe auf diese Ausgeburt der Hölle zu.

Sagt man dem Teufel nicht auch nach, dass er über einen Ziegenfuß verfügt?

Ich wage einen Blick in den Verschlag, aber Lilith hat noch alle 4 Beine und die dazugehörenden Hufe. Das Mistviech packt die Gelegenheit beim Schopfe und entreißt mir die Karotte, was mich wiederum die Luft zischend einatmen lässt. Schnurstracks ziehe ich meine Hand zurück und trete wieder zwei Schritte rückwärts in den Stall. Die Ziege nimmt ihren Blick nicht von mir, während sie die Möhre zerkaut.

Sie schüchtert mich ein.

Und sie weiß es. Dass sie mir unheimlich ist.

Und sie kostet den Moment vollends aus. Dessen bin ich mir sicher.

„Versprich mir nur, dass sie hier niemals frei herumläuft, Henning."

Er stellt sich hinter mich, sein Atem an meinem Hals jagt mir einen Schauer über die Wirbelsäule. „Wenn du nicht artig bist …" Ruckartig drehe ich mich in seine Richtung. Sein diabolisches Grinsen steht dem der Ziege in nichts nach.

Ich schnaube verächtlich. „Jaja, spiel nur mit meiner Angst. Aber glaube mir, du würdest es bereuen."

„Daran hege ich nicht den geringsten Zweifel, Schätzchen." Er zwinkert mir zu und küsst mich flüchtig auf den Mundwinkel, dann verschwindet er mit der Trense in einen kleinen Nebenraum, um das Gebiss unter fließendem Wasser zu reinigen.

Ich nutze die Zeit, um mich noch ein wenig umzusehen. Es gibt insgesamt vier Pferdeboxen, von denen jedoch nur drei belegt zu sein scheinen. Der

Mittelgang ist gefegt, der Stall ist hell und die Boxen sauber.

Lord Byron streckt seinen Kopf aus der Box und spitzt die Ohren, als ich einen Apfel aus einem vorbereiteten Eimer fische. „Sieh an, das Geräusch ist dir wohl geläufig, wie?“ Ich halte ihm den Apfel entgegen, den er mit spitzen Lippen vorsichtig von meiner Handinnenfläche klaubt. Ich klopfe seinen Hals und er lässt es sich gefallen.

„Bist du so weit?“

Erschrocken fahre ich zusammen. Ich habe ihn nicht kommen gehört. Er steht lässig angelehnt an die Stalltür, die Arme vor der Brust verschränkt. Seiner Stiefel hat er sich entledigt, trägt stattdessen triviale Birkenstock zu dicken Wollsocken, in denen seine Jeans verschwindet.

Und er sieht derart anziehend aus, dass ich ihn am liebsten ausziehen möchte.

Aber stattdessen lächle ich ihn einfach an und nicke. Er zieht lediglich eine Augenbraue in die Höhe und wartet, dass ich den Stall vor ihm verlasse.

„Wo sind die anderen Pferde?“ Ich habe das Gefühl, irgendetwas sagen zu müssen, um mich von dem Gedanken abzulenken, ihn anzuspringen.

„Sie stehen auf der Koppel. Teresa kümmert sich um die beiden. Deshalb sollten wir schnellstens ins Haus und meiner Tochter mal kurz die Tageszeit durchgeben. Vielleicht holt sie die beiden ja dann in den Stall.“ Seine Hand legt sich auf meinen verlängerten Rücken und lenkt mich Richtung Haus.

Diese harmlose Berührung lässt meine Haut prickeln und meinen Magen Kapriolen schlagen.

Wenn Henning und ich nicht bald zu Ende bringen, was wir heute Mittag begonnen haben, bleibt mir nichts anderes übrig, als hemmungslos über ihn herzufallen. Auch wenn ich mir fast sicher bin, dass es ihm durchaus gefallen würde, bin ich der Überzeugung, dass er den ersten Schritt machen sollte.

Wirklich, Luisa? Du überlässt ihm den ersten Schritt?

Das ist auch so eine völlig neue Seite an mir, die ich erst noch kennenlernen muss.

Seit wann bist du denn so devot, Luisa?

Alles in mir flirrt und klopft. So ist das also, wenn man sich verliebt.

Kapitel 26

Bootsmann freut sich anscheinend, mich zu sehen.

Ich gehe zumindest davon aus, denn seine Rute klopft unentwegt gegen den Schuhschrank in der Diele, als ich hinter Henning das Haus betrete.

Seine Pfote ist noch immer verbunden, weshalb er wahrscheinlich nicht wie ein Wahnsinniger an mir hochspringt. Was mich ungemein erleichtert, auch wenn es mir um seine Pfote natürlich leidtut.

Ich kraule ihn hinter den Ohren. Er jault mich an und versucht, seine grässliche Zunge irgendwie in meinem Gesicht zu platzieren.

„Na, das lassen wir mal lieber schön bleiben, du Flohteppich.“ Langsam mache ich mir Gedanken um den Schuhschrank oder um seinen Schwanz, der immer und immer wieder gegen dieselbe Stelle schlägt. Entweder braucht der Hund gleich ein Pflaster oder der Schrank eine Sanierung.

Aber Henning schiebt den zotteligen Hund einfach zur Seite, ehe er Teresas Namen quer durch das Haus brüllt. Er bekommt jedoch keine Antwort. Mit gerunzelter Stirn und geschürzten Lippen verschwindet er kurz die Treppe hoch, nur um Sekundenbruchteile später ratlos wieder vor mir zu stehen. „Oben ist sie auch nicht.“

Sein Weg führt in die Küche und wie ich seinem Fluchen entnehmen kann, gibt es zumindest einen

Anhaltspunkt über den Verbleib seines Kindes. Ich folge ihm lautlos. Er steht mit dem Rücken zu mir, starrt auf den Zettel in seiner Hand. Dann dreht er sich zu mir.

„Es tut mir leid. Ich fürchte, ich muss mich um Teresas Pferde kümmern. Meine Tochter ist bei Gaby. Es sind wohl Katzenbabys in der Praxis abgegeben worden und sie hat Teresa gebeten, bei ihr zu übernachten und beim Füttern zu helfen.“ Er kratzt sich über den Hinterkopf und der grimmige Zug um seinen Mund verrät, dass er nicht unbedingt begeistert ist.

Kurz ballt er die Hand zur Faust, atmet tief ein. „Ich muss eben anrufen und mit ihr sprechen. Leider hat sie auch ihr Handy liegen lassen …“ Mit einem Fingerzeig deutet er auf das Smartphone auf dem Küchentisch. Und vor meinem inneren Auge erscheinen gerade Bilder von einer blondbezopften Tierarzthelferin, die ihre Augen gar nicht von Henning lassen konnte. Ein eifersüchtiger Stich durchfährt mich. Völlig grundlos und ungerechtfertigt. Das ist mir wohl bewusst. Aber ich bin nun mal ein Mädchen.

Und alleine die bloße Vorstellung, dass sie versucht, bei meinem Bauern zu landen, reicht aus, um sie absolut ätzend zu finden.

Und die Feststellung, dass Henning die Telefonnummer des blonden Gifts auswendig in das Haustelefon tippt, ist nicht unbedingt förderlich für eine zwischenmenschliche Annäherung zwischen Gaby und mir.

So absolut gar nicht förderlich.

Ich rechne es Henning an, dass er das Telefonat in meinem Beisein führt. Es ist also zu früh für eine offene Eifersuchtsszene.

Vorerst.

Während er darauf wartet, dass jemand am anderen Ende der Leitung reagiert, streicht er mir mit den Fingerspitzen eine Strähne aus der Stirn. „Ich freue mich, dass du hier bist." Er macht einen Schritt nach vorne, streift meine Lippen mit seinen und lächelt sein Grübchenlächeln.

Mein Herz beginnt zu flattern, ich kann mich ihm einfach nicht entziehen.

Selbst wenn ich es wollte.

Und wir erinnern uns, ich habe mich gewehrt. Mit Händen und Füßen. Aber man muss eine Niederlage eben auch als das nehmen können, was sie ist.

Also lächle ich zurück.

Vielleicht ein wenig grenzdebil und geistig umnachtet, aber durchaus verknallt.

Und so langsam gewöhne ich mich an den Gedanken. Und an das Gefühl in mir. Die Schmetterlinge, die Ameisen, das innerliche Flattern, den Krampf in meinem Gesicht, der nur vom Lächeln kommen kann.

Er hält mitten in der Bewegung inne. „Gaby? Hier ist Henning. Gibst du mir bitte einmal Teresa?"

Henning schließt sekundenlang die Augen und lauscht in den Hörer. „Nein, danke. Ich möchte nicht essen, ich möchte meine Tochter sprechen."

Mir gefriert das Lächeln im Gesicht.

So ein Biest …

„Ich gebe Paul Bescheid, er kümmert sich bestimmt gerne um deinen Rasenmäher."

Vielleicht sollte ich mich mal um ihren Rasen kümmern …

Entschuldigend zuckt er mit den Schultern, legt eine Hand auf meine Wange. „Gaby … Gaby, würdest du mir kurz Teresa geben. Ich habe Besuch und …" Er rührt mich fast in seinem hilflosen Versuch, dieses kleine Luder von der Strippe zu bekommen.

Ich greife nach der Hand auf meiner Wange und küsse seine Fingerspitzen.

Seine Aufmerksamkeit liegt plötzlich auf meinem Mund, der sich einladend um die Kuppe seines Zeigefingers legt.

So leicht zu manipulieren …

„Nein, Gaby. Ich bin heute mit Luisa verabredet. Ich würde jetzt wirklich gerne meine Tochter sprechen." Seine Stimme klingt ein wenig tiefer, rauer und ich lege noch eine Schippe drauf, indem ich meine Zunge ins Spiel bringe und ihre Spitze über die schlanken, langen Glieder des Fingers fahren lasse.

Du hast völlig richtig gehört, Gaby, er ist heute mit mir verabredet …

Hennings Kiefermuskeln beginnen zu zucken, er atmet tief durch die Nase ein, bevor er seinen

Zeigefinger in meine Bewegung dreht und mir tiefer zwischen die Lippen schiebt. „Oh warte“, fast lautlos lässt er diese Drohung zwischen uns schweben und ich hebe amüsiert meine Augenbrauen, ziehe den Finger langsam aus meinem Mund und lenke ihn über mein Kinn, entlang der dünnen Haut meines Halses, über den Ausschnitt meines Shirts.

Mein ganzer Körper vibriert und meine Brüste schwellen an, als er zwischen ihnen kurz zum Ruhen kommt, nur um sie im nächsten Moment ohne mein Zutun zu umkreisen. Es ist längst nicht mehr nur sein Finger, der meine Brust umschließt, langsam knetet, bis sie sich schwer in den Stoff meines BHs drücken.

Ich verringere den Abstand unserer Körper, vergrabe meine Nase an seine Kehle, atme tief seinen Geruch ein. Holzig, maskulin. Meine Hände ertasten die feste Rundung seines Hinterns.

Knabbere ein wenig an der Haut unter seinem Ohr, genieße den schnellen Puls, mit dem er mir antwortet, während er mit seiner Tochter spricht.

~oOo~

Was immer sie auch vorhat, es lässt sich nicht mit dem Telefonat vereinbaren, das er gerade führt. Wie gebannt starrt er auf die vollen roten Lippen, die sich um seinen Finger legen, an ihm saugen.

Die kecke Zungenspitze, die frech über seinen Finger fährt. Alleine die Vorstellung, sie könnte das auch mit seinem …

Sofort bekommt er einen verdammten Ständer.

Ihr Blick, der ihn provozierend abschätzt. Ganz so, als würde sie nur darauf warten, ihn aus der Reserve zu locken.

Kurz schließt er die Augen, versucht sich auf das Gespräch zu konzentrieren. Atmet tief ein und aus.

Aber dieses Spiel beherrscht er auch.

„Oh warte.“ Er lässt den Finger erneut in ihrem Mund verschwinden. Tiefer.

Die Überraschung in ihrem Gesicht ist köstlich.

Köstlich ist auch der Weg, den sie anschließend mit seinem Finger beschreitet. Von der reizvollen Unterlippe, über ihr Kinn. Die pulsierende Halsschlagader entlang. Kurz stockt sie am Ausschnitt ihres Shirts, ganz so als sammele sie erst etwas Mut.

In seinem Schritt sammelt sich etwas ganz anderes.

Ihr Brustkorb hebt und senkt sich.

Er kann der Versuchung nicht widerstehen, streicht um ihre Brust. Sie schmiegt sich einwandfrei in seine Hand.

„Papa? Hast du meinen Zettel gefunden? … Papa?“

Verflixt.

Er räuspert sich, zieht seine Hand zurück, lässt sie einen Moment unschlüssig in der Luft schweben.

Und das Weib macht einen Schritt auf ihn zu, immer wieder spürt er ihre Zähne an seinem Hals.

Der Duft ihres Shampoos steigt ihm in die Nase.

„Teresa, dein Handy liegt hier auf dem Tisch.“ Es fällt ihm schwer, dem Gespräch zu folgen, während

Luisa ihren wundervollen Körper gegen seinen fallen lässt. Sein Herz schlägt eindeutig zu schnell und das Blut staut sich förmlich im unteren Teil seines Körpers. *Immer mit der Ruhe, mein Freund.*

„Ich habe es schon bemerkt. Kannst du es mir noch vorbei bringen? Und meine Schultasche? Dann bleibe ich heute Nacht hier und helfe Gaby mit den Kätzchen. Stell dir vor, sie haben noch nicht einmal die Augen geöffnet, so klein sind sie noch …“

Das Plappern seiner Tochter nimmt er nur am Rande wahr. Luisa ist zu gegenwärtig, als dass er Teresas Ausführungen aufmerksam folgen könnte. Und als sie auch noch beginnt, ihre Hände unter sein Poloshirt zu schieben, beginnt seine Kopfhaut zu prickeln. Er sollte das Telefonat beenden. So schnell wie möglich. „Ist gut, ich komme später und bringe dir die Sachen.“

Die Pferde hat er bereits vergessen, als er das Telefon hinter sich auf den Küchentisch ablegt.

~oOo~

Kapitel 27

Ich kann mir das Grinsen nicht verkneifen.

Er versucht derart angestrengt sich zu konzentrieren.

Dann habe ich plötzlich seine Hände unter meinen Hintern und ehe ich mich versehe, sitze ich zwischen seinen Beinen mitten auf dem Küchentisch. „Was bist du nur für eine Hexe? Wie soll ich mit meiner Tochter sprechen, wenn du mich so ablenkst?"

„Hast du dich so schlecht unter Kontrolle, dass dich das bisschen … wie nanntest du es gleich? … Ach ja, Ablenkung … in solchem Maß aus dem Konzept bringt? Ach herrje …" Meine Fingernägel kratzen oberflächlich über die nackte, warme Haut seines Rückens. Henning schnappt nach Luft und umfasst mein Gesicht.

Er schüttelt lächelnd den Kopf und küsst mich. Endlich.

~oOo~

Ihre Lippen schmecken himmlisch. Er befürchtet, niemals genug davon bekommen zu können. Und diese kleinen wohligen Seufzer, die ihr entfahren, klingen wie Musik in seinen Ohren. Ohne großartig darüber nachzudenken, zieht er ihr das Shirt über den Kopf und öffnet den BH im Rücken.

Selbst wenn er wollte, er kann sich nicht zurückhalten. Aber Luisa scheint es ähnlich zu gehen. Sie umschlingt seine Mitte, zerrt an seinem Polohemd. „Zieh es aus." Nur ein Hauchen gegen seinen Mundwinkel und doch mehr, als er gerade vertragen kann.

Er zieht es sich über den Kopf und öffnet den Knopf seiner Hose. Luisa lehnt sich auf dem Tisch zurück, betrachtet ihn. Die Spitzen ihrer Brüste strecken sich ihm hart und dunkel entgegen. Er umschließt sie mit seinen Lippen, kostet von ihrer Süße.

Ihre Hände vergraben sich in seinen Haaren, während seine eigenen tiefer wandern, ihre Jeans für sich öffnen.

Als sie ihre Finger von hinten in seine Hose schiebt und auf seinem nackten Hintern liegen lässt, keucht er auf, hebt sie vom Tisch.

~oOo~

Ich bin so scharf auf ihn, dass es mir schier die Luft zum Atmen nimmt. Seine Hände sind überall gleichzeitig und lassen einen Schauer nach dem anderen über meinen Rücken rieseln. Mein Unterleib zieht sich erwartungsvoll zusammen und zwischen meinen Beinen scheint es vor Verlangen zu beben.

Ich kann mich nicht daran erinnern, dass ein Mann das jemals geschafft hätte.

Nicht, dass ich bisher schlechten Sex gehabt hätte, aber das hier ist anders.

Alleine die Art, wie er meine Brustwarzen zwischen seine Lippen nimmt, an ihnen saugt, lässt mich fast kommen.

Ich ziehe sein Gesicht auf Augenhöhe und presse meinen Mund auf seinen, fordere ihn heraus.

Meine Hände erforschen seinen Körper. Die Muskeln unter seiner Haut. Spüren die Hitze, die sie ausstrahlt. Da seine Jeans bereits geöffnet ist, ist es ein Leichtes, einfach meine Finger in den Bund zu schieben und die Hose über die Hüften rutschen zu lassen. Ich gleite vom Tisch, bemerke seine Daumen auf meiner Taille; wie sie meine eigene Jeans herunterschieben. Langsam, bedächtig.

Dann sitze ich auch schon wieder auf dem Küchentisch.

Henning wirft einen Blick auf meinen Slip.

„Wirklich? Sind das … Herzchen?“ Er schmunzelt. „Wenn ich das gewusst hätte, hätte ich doch meine Unterhose mit den Rennautos anbehalten können.“

Es dauert einen kleinen Moment, ehe ich begreife, dass er von meiner Unterwäsche spricht.

„Na hör mal, dabei habe ich mir so viel Mühe gegeben, dich zu beeindrucken.“ Ich ziehe einen ziemlich beachtenswerten Flunsch.

Seine Zunge fährt sinnlich über meine schmollende Unterlippe.

„Das ist dir gelungen. Auf ganzer Linie." Henning schiebt sich zwischen meine Beine und seine beachtliche Erektion klopft gegen meinen Bauch.

„Ich finde Rennautos übrigens super." Meine Hand umfasst seine Begierde, massiert sie auf und ab. „Ich hoffe, du hast jetzt ein Kondom griffbereit …" *Nicht auszudenken, …*

„Was, wenn nicht?" Seine Zungenspitze zeichnet eine heiße Spur über meinen Hals, seine Hände suchen meine Brüste. Ich erschaudere, als er seinen Atem heiß gegen die empfindliche Haut unter meinem Ohr haucht.

Ich rutsche näher an ihn, reibe mich an seinem Schritt, was ihn aufkeuchen lässt. „Dann sollte ich mich lieber wieder anziehen."

„Ich kann dich beruhigen. Dieses Mal bin ich vorbereitet." Indem ich meinen Hintern jeweils an der richtigen Stelle anhebe, zieht er mir den Herzchen-Slip erst über den linken Oberschenkel, dann über den rechten.

„Darf ich ihn behalten?"

Ehe ich darauf antworten kann, hat er ihn bereits verschwinden lassen, drückt mich an meinem Hintern gegen die steife Lust zwischen uns. Ich spreize meine Beine, lasse ihm mehr Platz. Seine Eichel liegt an meiner Spalte, zuckt gegen mein heißes Fleisch.

Mit einem Stöhnen nehme ich das Knistern der Kondomverpackung wahr und mein Magen schlägt Kapriolen, als ich ihn dabei beobachte, wie er ihn überrollt. Dann schiebt er mein Becken in Position und dringt in mich ein. Und ich nehme ihn in mir auf, tief, feucht, habe nur auf diesen Moment gewartet.

Meine Beine um seine Mitte geschlungen, finde ich sofort in seinen Rhythmus. Meine Muskeln schließen sich um ihn, jede seiner Bewegungen entfacht eine sengende Lust in mir. Hitze pulsiert durch meinen Körper, während er mich ausfüllt. Sein Mund presst sich auf meinen. Ein kehliges Stöhnen in seinen Mund scheint ihn noch härter in mir werden zu lassen.

Dann drückt er mich in eine liegende Position auf den Tisch, legt meine Beine über seine Schultern, mit den Fersen finde ich Halt an seinen Schulterblättern, meine Hände krallen sich an die Seitenränder des Tisches, während er in mich stößt. Er streichelt meine Brüste, meinen Bauch, meinen Venushügel, ehe sein Daumen meine Lust definiert und meine pochende Perle umkreist.

Ich schließe die Augen, wölbe mich ihm entgegen. Meine Erregung steigert sich ins Unermessliche.

Immer wieder umwirbt er meine Klit, erhöht nach und nach den Druck auf mein Lustzentrum, passt den Rhythmus seiner Stöße dem seiner Finger an.

Und mir bleibt nichts, als mich darin zu verlieren.

Ich spüre, wie sich das Beben langsam in mir aufbaut. Wie meine Muskeln beginnen um ihn zu krampfen und er es mit einem Keuchen quittiert.

Ich lege meine Beine erneut um Hennings Mitte, hebe ihm mein Becken entgegen. Mein Gewicht stütze ich auf meine Unterarme, zwinge ihn noch tiefer in mich. Henning erhöht das Tempo, seine Haut klatscht gegen meine und in meinen Ohren beginnt es zu rauschen, zeitgleich mit der elektrisierenden Spannung, die sich in meinem Unterleib aufbaut, nur um sich Sekunden später in einem unglaublichen, nie enden zu scheinenden Orgasmus zu entladen.

Ich falle zurück auf den Tisch, Blitze zucken hinter meinen Augenlidern und der Ruck, der plötzlich durch Hennings Körper fährt, lässt mich vermuten, dass es ihm genauso ergeht.

Ich benetzt meine Lippen, nur um festzustellen, dass meine Zunge ebenso trocken ist, wie sich auch der Rest meines Mundes anfühlt.

Atemlos massiere ich mir über die Stirn, versuche für mich festzumachen, was hier gerade passiert ist.

Mit mir, mit Henning …

Henning beugt sich nach vorne, küsst meinen Bauch. Ich streiche durch seine Haare, genieße das seidige Gefühl zwischen meinen Fingern.

Und auch das in mir.

„Wie geht es dir?“ Er sieht zu mir auf.

Wärme liegt in seinem Blick, Zärtlichkeit in seiner Stimme.

Ich bemerke, wie meine Nase beginnt zu kribbeln.

Du wirst doch jetzt nicht heulen, du Suppenhuhn?

Anstatt zu antworten, setze ich mich auf, zwinge ihn ebenfalls in die Aufrechte. Dann küsse ich ihn. Eindringlich. Fast hilflos. Wie soll ich ihm sagen, was ich empfinde, wenn ich es noch nicht mal selbst benennen kann?

Mein Rücken schmerzt und meine Beine sind verkrampft. Aber ich fühle mich … ja, großartig.

Meine Beine kreuzen sich über seine Schenkel und ich bin warm und geborgen in seiner Umarmung.

Alles scheint so perfekt.

Henning ist so perfekt.

Ich muss schlucken, so sehr überwältigt mich mein Gefühl der Zugehörigkeit.

„Alles okay mit dir?“ Er löst sich von mir, hebt mein Gesicht an, studiert es eingehend.

Ich lächle nickend und küsse seine Nasenspitze. „Mir geht es fantastisch, allerdings tut mir der Rücken weh.“

„Warum sagst du denn nichts?“

Er zieht sich vollends aus mir zurück und die Leere, die ich plötzlich verspüre, erschreckt mich selbst.

Mit einem Räuspern versuche ich den Moment zu überspielen. „Kein Grund zur Panik. Aber vielleicht nehmen wir beim nächsten Mal einfach das Bett. Irgendwie bin ich doch keine 20 mehr.“

Leise lachend legt er sein Kinn auf meinen Scheitel; ich spüre seinen Atem in meinen Haaren, lausche dem Klopfen seines Herzens und folge den kraulenden Bewegungen seines Daumens auf meinem Rücken. „Wenn wir es bis ins Bett schaffen, mein Herz.“

Kapitel 28

Ich helfe Henning beim Versorgen der Pferde und bin über mich selbst erstaunt, wie leicht es mir von den Händen geht. Es gibt Dinge, die verlernt man nicht. Und es macht mir Spaß. *Unglaublich.*

Von Lilith halte ich mich jedoch fern. Sicher ist sicher.

Es ist bereits dunkel, als wir uns endlich auf den Weg machen, um Teresa ihre Klamotten zu bringen. Henning greift nach meiner Hand und schlendert gemütlich neben mir her. Ganz so, als wäre es das Normalste auf der ganzen weiten Welt, mit mir Händchen zu halten. Und ich muss mich ständig irgendwo kneifen. Aber ich werde nicht wach, also geht wohl alles mit rechten Dingen zu.

Bootsmann sieht ein wenig verwirrt aus.

Dieser Weg entspricht anscheinend nicht unbedingt seiner gewohnten Gassi-Runde. Immer wieder sieht er an Henning hoch, ganz so, als wollte er sich vergewissern, dass sein Herrchen auch wirklich hier langgehen möchte.

Gabys Haus ist ein kleines Eckreihenhaus mit hübschem Vorgarten. Aus einigen Fenstern dringt noch Licht auf die Straße.

Henning drückt das Tor auf, lässt mich an ihm vorbei durch den Vorgarten auf die Haustüre zugehen. Nicht, ohne mich noch einmal zu küssen.

Just in diesem Moment wird die Türe aufgerissen. „Henning, wie schön, dass …“ Wir fahren auseinander und mein Blick fällt auf die blonde Frau in der Eingangstüre. Ihre hautenge Jeans, die taillierte, fast bis zum Bauchnabel aufgeknöpfte Bluse, die ins Obergeschoss geschobenen Brüste, wohldefiniert präsentiert.

Der lange Zopf, der ihr über die Schulter fällt. Meine Augen verengen sich zu Schlitzen, Gabys hingegen werden riesig, als ihre Synapsen verarbeitet haben, wer da genau vor ihrer Türe steht, und wobei sie gerade stört.

Ich genieße meinen eigenen kleinen Reichsparteitag und hätte Henning gerne erneut an mich gezogen. Nur um das Ganze noch mal hübsch zu unterstreichen.

Aber das wäre vielleicht doch zu viel des Guten. Also beschränke ich mich auf ein Lächeln. Liebreizend, bezaubernd.

Welches sie ebenso engelsgleich erwidert.

Nachdem sie sich wieder unter Kontrolle hat.

Und das gelingt ihr relativ schnell, wie ich mir neidvoll eingestehen muss.

Und Henning? Der bekommt von all diesen wortlosen Liebesbekundungen so gar nichts mit.

„Hallo Gaby, wir wollten nur kurz Teresas Sachen abgeben.“

Sie zieht eine Augenbraue in die Höhe und gibt den Weg in ihr Haus für uns frei. „Natürlich wollt ihr das.“

Ihren abschätzenden Tonfall lasse ich an mir abprallen und nehme mir fest vor, sie auch ansonsten einfach zu ignorieren. Henning scheint sich hier auszukennen. Zielstrebig läuft er geradeaus. Mitten in die Küche. Eine ausgesprochen nette Küche.

Anscheinend verdient man gar nicht so schlecht als Tierarzthelferin.

„Papa, guck doch nur, wie süß sie sind. Kannst du dir vorstellen, dass jemand solch kleine Würmchen einfach aussetzt?" Teresa hält ein winziges Fellknäuel in ihren Händen. Es hat die Augen noch geschlossen und wirkt auch ansonsten ein wenig orientierungslos, in seinem Versuch ihr von der Hand zu entwischen.

Ich laufe um Hennings Tochter herum, um einen besseren Einblick in den Karton zu haben, in dem weitere Kätzchen liegen und laut miauend ihr Recht einfordern.

„Uhhhh, meine Güte. So was Winziges." Vorsichtig hebe ich ein kleines schwarzes Geschöpf aus der mit Handtüchern ausgelegten Kiste und drücke meine Nase gegen seine. Sofort habe ich eine winzig kleine Zunge im Gesicht. Ich keife meine Augen zu, verziehe mein Gesicht zu einer Grimasse und halte das Bündel ein Stück von mir. „Iihh, du bist ja einer."

Teresa beginnt zu kichern und tauscht ihr eigenes Kitten gegen ein noch hungriges aus. „Magst du auch mal?" Sie hält mir ein Fläschchen entgegen und ich nehme es. „Klar, warum nicht?" Und schon hat mein kleiner schwarzer Freund den Nuckel im Mäulchen und beginnt daran zu saugen.

Der Vorfall in der Hütte hat uns irgendwie miteinander verbündet, auch wenn wir es nicht mehr erwähnt haben. Sie scheint auch nicht sonderlich überrascht zu sein, dass ich hier mit ihrem Vater aufkreuze.

„Gaby hat alles von Onkel Matthias bekommen. Die Fläschchen und die Milch. Extra für Katzenbabys." Sie spricht leise und beobachtet genau, ob ich auch nichts verkehrt mache.

Ich beginne zu lächeln und lasse mich sogar ein wenig von ihrer Begeisterung anstecken. „Und wie oft müssen sie jetzt gefüttert werden?"

„Alle zwei Stunden."

„Na, das wird ja ordentlich anstrengend heute Nacht."

Teresa nickt und seufzt. „Bestimmt. Aber man kann sie ja nicht verhungern lassen, oder?"

„Nein, das geht natürlich nicht."

Ich bemerke Hennings Blick, der zwischen seiner Tochter und mir hin und her wandert. Sein leicht schräg gelegter Kopf, die leuchtenden Augen, das Lächeln, das seine Lippen umspielt.

Und Gabys Blick, der auf Henning ruht. Und den er so gar nicht wahrnimmt.

Aber ich, du kleine Schlange …

~oOo~

Frauen sind doch alle gleich. Beim Anblick von Babys oder kleinen Tieren bekommen sie alle den gleichen Ausdruck im Gesicht. Ein wenig abgerückt von dieser Welt.

Und ihre Stimme verwandelt sich in eine einzige Piepserei.

Eigentlich würde er die Augen verdrehen. Aber heute nicht. Heute empfindet er eine tiefe Zufriedenheit bei der Erkenntnis, dass auch Luisa sich in dieser Hinsicht nicht sonderlich von anderen Frauen unterscheidet. Ihr Aufquietschen, als dieses kleine Fellbündel mit seiner Zunge über ihr Gesicht schleckt, wandert unverzüglich durch seine Blutbahn und verteilt sich wohlig in seinem gesamten Körper. Und seine Tochter, die neben Luisa hockt, ihr Anweisungen gibt und völlig gelöst zu sein scheint.

So sollte es doch sein, oder?

~oOo~

Mein kleiner Freund hat seine Mahlzeit beendet und ich lege ihn zurück in die Kiste.

„Du musst ihm noch den Bauch massieren."

„Bitte?" Gabys Stimme klingt ein wenig zu … blasiert. Aber vielleicht bilde ich mir das auch nur ein.

In Anbetracht der Umstände …

Die Tierarzthelferin schält das Kätzchen wieder aus dem Handtuch und beginnt, seinen Bauch zu kraulen.

„Ja. Du musst ihm den Bauch massieren. Das regt die Verdauung an.“ Gaby seufzt gottergeben, ehe sie sich wieder dem klitzekleinen Fellknäuel widmet.

Oha, da mag mich aber jemand wirklich nicht leiden.

„Das habe ich nicht gewusst.“

„Ja, das habe ich bemerkt.“ Ihre Stimmlage würde mir sauer aufstoßen, wäre nicht Henning der eigentliche Grund ihres offensichtlichen Unwohlseins. Ich kann sie ja verstehen.

Ich fände sie auch ziemlich scheiße, wäre sie an meiner Stelle.

Dieser Gedanke wiederum lässt mich tief grinsen. Nicht nur innerlich.

Henning gehört mir.

Das Objekt der Begierde stellt sich hinter mich, legt mir die Hände auf die Schultern. „Komm, wir machen uns auf den Weg.“

An seine Tochter gerichtet beugt er sich ein wenig über mich. „Und du sieh zu, dass du das hier mit der Schule vereinbaren kannst. Sonst kannst du nicht mehr in diesem Umfang aushelfen.“

Meine neue Freundin bekommt unverzüglich den pubertären Nerv-mich-nicht-Ausdruck im Gesicht. „Mensch, Papa. Ich krieg das schon hin.“

„Dann ist ja alles gut. Wir verschwinden jetzt und du kommst morgen nach der Schule nach Hause, verstanden?“

„Hmmh.“

Ohne ihren Vater weiter zu beachten, rührt sie bereits ein neues Milchfläschchen zurecht.

Einsilbigkeit. Herrlich.

Aber an Henning prallt es ab. Das ist wahrscheinlich jahrelange Übung. Er greift lediglich nach meiner Hand und zieht mich zur Tür.

Gabys Blicke im Rücken verbrennen förmlich meine Haut. *Aber ich kann damit leben.*

Kapitel 29

„Warum bleibst du nicht noch über das Wochenende? Du könntest Samstag mit zum Weinfest und ich hätte die Möglichkeit mit dir anzugeben.“ Wir liegen angekuschelt auf dem Sofa und seine so plötzlich ausgerufenen Worte verbunden mit der wild klopfenden Hand auf meiner Schulter hindern mich am Einschlafen.

„Hmmh, was?“ Ich quäle mich aus meiner wirklich sehr gemütlichen Wohlfühlzone an Hennings Brust, um ihn besser verstehen zu können.

„Ich habe dich soeben gebeten, mich zu einem Weinfest zu begleiten.“ Er hebt den Oberkörper, sucht meinen Blick und lächelt mich an, als hätte er den Vorschlag des Jahrhunderts gemacht.

„Wirklich?“ Die Art, wie dieses *wirklich* über meine Lippen zu kommen scheint, veranlassen seine Mundwinkel sich von fröhlich frohlockend in ziemlich überraschend enttäuscht zu verziehen.

„Hast du keine Lust?“

Ich schiebe mir die Haare aus der Stirn, unterdrücke ein Gähnen und betrachte wehmütig die warme, weiche Kuhle, in der so gerade eben noch mein Kopf gelegen hat. „Nein … ich meine … doch, natürlich … wenn du gerne möchtest.“ Im Gedanken stöhne ich verzweifelt auf und zwinge mich zu lächeln.

Herrlich. Ein Weinfest. Wahrscheinlich auch noch mit einer Wahl zur Dorfweinkönigin und deutschem Schlager … ganz nach meinem Geschmack.

Er atmet tief ein und schließt einen Augenblick die Augen, ehe er mich anfunkelt. „Na, Gott sei Dank. Und ich hatte schon die Befürchtung, ich muss alleine dort hin. Andrea Berg die ganze Nacht hätte ich alleine niemals überlebt."

Jetzt ist es an mir, ihn verwundert anzusehen und laut zu lachen. „Andrea Berg? Das habe ich befürchtet … aber warum gehst du dorthin, wenn es dir nicht gefällt?" Diese Landlogik will sich mir einfach nicht erschließen.

„Der Veranstalter ist ein wichtiger Kunde von mir und wenn ich dort nicht erscheine, dann wirft das kein gutes Licht auf mich. Aber wenn du mich begleitest …" Dieses spitzbübische Lächeln auf seinen Lippen bringt auch mich zum Schmunzeln.

„Was bist du nur für ein widerlicher Kerl." Meine Hand schlägt auf seinen Brustkorb. Sofort verzieht er sein Gesicht und reibt sich die schmerzende Stelle, jedoch nicht, ohne dieses fiese Kichern zu unterlassen. "Taktierst mich in eine Ecke, aus der ich ohne schlechtes Gewissen nicht mehr herauskomme. Was bleibt mir also anderes übrig, als dich zu begleiten?"

„Nichts. Rein gar nichts." Fehlt nur noch, dass er den Zeigefinger seiner rechten Hand zu einem Ätschibätsch-Vit-Vit-Vit über den Zeigefinger der linken reibt und mir eine lange Nase zeigt.

„Zieh dir was Hübsches an, Luisa. Ich werde unverschämt blendend aussehen.“

Da bleibt mir glatt der Mund offen stehen, jedoch nur kurzzeitig. Bis ich das Sofakissen in die Finger bekomme, um es in seine selbstgefällige Visage zu drücken.

Ich wäre eh noch geblieben. Aber das muss er ja nicht wissen.

Meine Großmutter ist aus dem Häuschen. Natürlich. Alles ist so gekommen, wie sie es vorhergesehen hat. Ich werde erwachsen.

Habe mir den Renner aus dem Single-Dorfmänner-Katalog geschnappt. Und er lässt mich erblühen, dieser Mann, behauptet sie. Meine Haut sähe direkt gesünder aus.

Ebenfalls auf diese Liste kommt die Tatsache, dass ich einige Tage länger bleibe, als ursprünglich geplant. Und das auch noch völlig freiwillig.

Ich unterbreche sie nicht in ihrem Euphorie-Rausch. Im Gegenteil.

Meine Mutter ist da schon eine ganz andere Hausnummer.

Als ich sie am Freitagabend am Bahnhof in Empfang nehme, durchbohrt sie mich mit ihren Blicken, ohne auch nur eine Frage zu stellen. Meine Mutter gehört, im Gegensatz zu ihrer Schwester, zu den Menschen, die mit ihren Augen jede Situation erfassen, ohne auch nur ein Wort zu verlieren oder auch nur eine Frage zu stellen. Eine Gabe, die sie sich bereits zunutze gemacht hat, als David und ich noch Kinder waren. Dabei ist es völlig egal, ob es sich um die geklauten Pflaumen aus Nachbars Garten handelt, die fette Fünf in Mathe oder das Geheimnis meiner glänzenden Augen.

„Du bist verliebt."

Oh ja, meine Mutter weiß einfach alles.

„Wie kommst du darauf?" Ich ziehe meine Unterlippe ein, konzentriere mich auf den Verkehr vor mir.

„Du leuchtest." Kurze Pause. „Ähnlich wie David, als er mit Anna vor der Türe stand." Mit dem Nagel ihres Mittelfingers kratzt sie sich über den Daumennagel, nimmt ihn genauer unter die Lupe. „Wer ist es?"

„Du kennst ihn bestimmt." Es hat überhaupt keinen Zweck, es zu leugnen. Spätestens beim Abendessen wird sie es erfahren. Henning wird ebenfalls anwesend sein. Ebenso wie Teresa, Paul und Klara. Also so ziemlich alle Menschen, die meiner Oma lieb und wichtig sind. Nicht zu vergessen meine Tante. Die sich bereits jetzt schwer damit tut, ab morgen das Zepter der Geburtstagsfeierorganisation an meine Mutter abgeben zu müssen.

Denn das wird sie.

Wir reden hier von meiner Mutter.

„Davon gehe ich aus. Immerhin bin ich öfter hier. Und du ja dann ab jetzt wohl auch."

Ich kann den Mundwinkeln förmlich dabei zuhören, wie sie sich in Richtung ihrer Ohren bewegen. Dann liegt ihre Hand auf meinem Oberschenkel. “Ich freue mich so sehr.“

Mit einem halbseitigen Lächeln schiele ich kurz auf den Beifahrersitz. „Aber du weißt doch noch gar nicht, für wen ich mich entschieden habe.“ Ein letzter Versuch der Rebellion.

„Ich kann es mir aber denken.“ Sie zwinkert und lacht hinter vorgehaltener Hand. „Wenn du nach mir kommst, ist es Henning Josten.“

Empört schnappe ich nach Luft. „MAMA!“

Sie jauchzt auf und klatscht in die Hände. „Ich habe recht. Oh Gott, ich habe ja so was von recht.“

Ich nicke und schüttele gleichzeitig den Kopf. Meine Mutter ist unmöglich.

Sie giggelt noch immer, als wir das Haus betreten.

„Mensch, Mama, jetzt krieg dich mal wieder ein. Man könnte ja fast annehmen, du hattest die Befürchtung, ich wäre ein hoffnungsloser Fall.“ Ich wuchte den Koffer auf den Treppenabsatz und schleppe ihn in mein Zimmer. Da ich vorhabe, zwei Tage länger hierzubleiben, komme ich in den Genuss, mir mit Birgit Schwartz das Bett teilen zu müssen.

Meine Mutter hat sich vehement dagegen gewehrt, mit ihrer Schwester ein Zimmer zu teilen. Das hätte sie lang genug tun müssen, war ihre einzige Antwort auf die Frage, ob sie das in Erwägung ziehen könnte.

Oma stemmt lediglich die Hände in die Hüften und brummt irgendwas davon, dass es unsagbar schade sei, dass ihre Töchter zu groß seien für eine ordentliche Tracht Prügel.

Da ich mir, in Anbetracht dieser Umstände, vorgenommen habe, bei Henning zu übernachten, beiße also ich in den sauren Apfel und überlasse meiner Mutter kommentarlos das Bett. Tochterpflichten eben.

Obwohl, so sauer wird der Apfel schon nicht werden. Ein wohliges Ziehen in meinem Unterleib begleitet die Erinnerung an die vergangenen Tage.

Wie schnell sich alles ändern kann. Wenn man es nur zulässt.

„Luisa, komm bitte wieder herunter und hilf deiner Großmutter beim Tischdecken."

Und manche Dinge ändern sich einfach nie, nie, nie!

Ich bin hibbelig wie ein junges Mädchen, das zum ersten Mal ihren Freund zu Hause vorstellt.

Nicht in der Lage, auch nur 5 Minuten ruhig sitzen zu bleiben, laufe ich wie ein angestochenes Huhn in der Küche hin und her.

Hier liegt die Serviette nicht akkurat, dort ist das Messer nicht richtig poliert, dieses Glas hat Korrosion und jene Schüssel passt irgendwie nicht zum Rest des Geschirrs.

„Du machst mich wahnsinnig, Kind. Was ist nur mit dir los?" Meine Mutter schiebt mich liebevoll, aber auch sehr bestimmt in Richtung Wohnzimmer. „Läuft denn kein Zeichentrick im Fernsehen? Das siehst du doch so gerne." Sie klopft mir auf den Hintern, während sie Richtung Fernseher nickt.

Und als sei damit alles Notwendige gesagt, wendet sie sich auch schon wieder von mir ab.

Meine Handflächen werden schwitzig und die Nervosität ist schier nicht zum Aushalten.

Es ist so entsetzlich lange her, dass ich einen Partner hatte.

Und noch länger, dass meine Mutter in den Genuss kam, diesen auch kennenzulernen.

Und dann das.

Nicht nur meine Mutter wird heute Abend hier sein, auch noch meine Tante und meine Großmutter. Und alle kennen ihn bereits. Und sie finden ihn großartig.

Nicht, dass es mich irgendwie in Bedrängnis setzen würde.

Frei nach dem Motto, *versau es nicht wieder, Luisa.*

Aber ich gestehe, so ein ganz kleines bisschen bin ich schon unter Druck gesetzt.

Vor allen Dingen, wenn man die übrigen Familienmitglieder beim Glücklichsein beobachten darf. Pia und Alex haben mit Sicherheit eine eigene Wolke im siebten Himmel und mein Bruder ist ein solcher Pantoffelheld geworden, dass sich mir der Magen umdreht.

Einfach schaurig.

Und nun tappe ich auch noch selbst in diese Pärchenfalle.

Eine Millisekunde denke ich über Flucht nach.

Aber es gibt kein Entrinnen für mich. Jetzt muss ich da durch.

Ich reibe meine Hände gegeneinander und atme tief ein und aus.

Und dann klingelt es auch schon an der Haustüre und mein Herz zerspringt hinter meinem Brustkorb.

Rien ne va plus, Luisa. Es wird bestimmt ein höllisch netter Abend.

Kapitel 30

Ich sammle noch Mut, ehe ich mich der Meute stelle, dann straffe ich die Schultern und schleiche mich in die Höhle des Löwen.

Henning beugt sich zu meiner Mutter. Souverän lächelnd nickt er zu ihren Worten. Eine Hand liegt auf ihrem Oberarm und mir bleibt nichts weiter zu tun, als mal wieder einen Beobachtungsposten zu beziehen.

Er trägt enge Jeans, die tief auf den Hüften sitzen, ein T-Shirt, das sich wunderschön um seinen Bizeps spannt, während es den Rest seines Oberkörpers hervorragend zur Geltung bringt.

Mein Mund wird ganz trocken. Seine Locken sind halbwegs gebändigt, obwohl noch immer einige Strähnen in seine Stirn fallen.

Meine Fingerspitzen kribbeln vor lauter Lust, sie aus seinem unrasierten Gesicht zu streichen.

Das markante Grübchen am Kinn, die gerade Nase. Augen, die meine Mutter unter wohlgeformten Augenbrauen interessiert mustern.

Wow, mich hat es wohl sehr schwer erwischt.

„Luisa! Sitzt du neben mir?“ Erschrocken und ertappt lecke ich über meine Lippen und schiebe meine eigenen Haare verlegen hinter die Ohren.

Teresa klopft freudestrahlend auf den leeren Stuhl neben sich und ich setze mich langsam in Bewegung.

Das kurzzeitige Stutzen meiner Großmutter bekomme ich durchaus mit, übergehe es aber in meiner gekonnt ignoranten Art.

Dass Teresa und ich irgendwie einen Freundinnenstatus innehaben, ist wohl für jeden unglaublich erstaunlich.

Für jeden, der den eigentlichen Hintergrund unserer Freundschaft nicht kennt.

„Ich bleibe heute nicht ganz so lange. Ich habe noch eine Verabredung." Verschwörerisch lehnt sich Hennings Tochter zu mir, umklammert meinen Arm und zappelt auf ihrem Platz herum.

Irgendwie erinnert sie mich an mich selbst, noch vor einigen Minuten. Ich lege meine Finger augenzwinkernd über ihre. „Dann wünsche ich euch viel Spaß."

„Was gibt es hier zu tuscheln?"

„Nichts." Teresa setzt sich ruckartig gerade hin und mir wird unangemessen warm, als Henning sich herabbeugt, um mich zu küssen. Seine Lippen streifen meinen Mundwinkel und alle Blicke am Tisch liegen auf uns.

„Hach ja." Meine Mutter bekommt einen verklärten Ausdruck im Gesicht und ich könnte schwören, dass ihre Augen glänzen, als ich sie mit strafenden Blicken versuche, in ihre Schranken zu weisen.

Aber ich könnte auch die Sprache der Elben sprechen. Es ist einfach hoffnungslos.

„Henning, ich habe es sofort gewusst. Ich brauchte Luisa nur ansehen. Meine Güte, wenn ich das geahnt hätte, hätte ich sie schon viel früher …“

„Es reicht, Mama!“ Ich suche mit meinen Füßen ihre Beine unter dem Tisch.

„Autsch! … was soll denn das?“ Tante Claudia reibt sich ihr Schienbein und meine Wangen werden heiß.

Und mein Freund? Schaut mit hochgezogenen Augenbrauen zwischen uns dreien hin und her und lässt sich kopfschüttelnd auf dem leeren Stuhl neben mir nieder, greift nach meiner Hand. „Ja, hättest du sie mal früher hergeschickt, Birgit. Man kann so wundervoll mit ihr zanken.“

Er küsst meine Fingerspitzen und ich kneife ihn in seinen Oberarm. Was ihn zum Lachen und meine Ohren zum Leuchten bringt.

Langsam entspannt sich die Atmosphäre und ich beginne, den Abend zu genießen. Meine Mutter gibt einige Geschichten über ihre Woche mit meiner Nichte zum Besten und unterlässt es natürlich auch nicht, ihre Schwester immer wieder mit der Nase darauf zu stoßen, welches Glück Enkelkinder bedeuten.

Meine Tante hingegen nippt immer wieder an ihrem Rotwein.

Mich täuscht sie jedoch nicht.

Ich bin mir sicher, das ist lediglich die Sturmwarnung. Sobald wir später das Haus verlassen haben, wird ein Tornado durch die Küche fegen, dass meiner Mutter kein Hut mehr passt.

Teresa verabschiedet sich bereits kurz nach dem Essen zu ihrem Date, von dem ich mir aber ziemlich sicher bin, dass ihr Vater nichts davon ahnt.

Paul flirtet mit meiner Großmutter und Tante Klara gleichermaßen. Und mein Tischnachbar füllt ständig mein Rotweinglas wieder auf.

Ich versuche zu protestieren, aber letztendlich bin ich gerade sehr zufrieden mit mir selbst. Also widerspreche ich nicht, als Henning erneut die Flasche in mein Glas senkt.

Meine Zunge wird schwerer und Henning immer attraktiver.

Wirklich … ein Phänomen.

Immer wieder starre ich auf die pulsierende Stelle an seinem Hals und stelle mir vor, wie es wäre, einfach mein Gesicht dorthin zu drücken. Ein wenig an der Haut zu knabbern, seinen Duft einzuatmen. Mein Blick wandert tiefer, auf seine wundervolle breite Brust.

Hennings tiefes Lachen erfüllt den Raum und seine Muskeln beginnen förmlich zu tanzen. Ich lecke mir über die Lippen und puste mir ein wenig Luft unter den Pony.

Scheiße, ist das heiß hier.

Das Blut rauscht hinter meinen Ohren und mein Unterleib zieht sich zusammen. *Ich will Sex. Sofort.*

„Henning, ich glaube, wir sollten langsam gehen."

War ich das?

Eine vorsichtige Bewegung durch meine Haare. Ich bin schicker. Aber nur ganz leicht.

~oOo~

Belustigt beobachtet Henning die Frau zu seiner Linken. Ihre Aussprache ist schwer, die Bewegungen fahrig.

Er neigt sich zu ihr. „Bist du etwa betrunken? Von zweieinhalb Gläsern Wein?“

Es fällt ihm schwer, sich das Lachen zu verkneifen. Diese Frau ist einmalig.

Und sie gehört ihm. Noch immer kann er es nicht begreifen.

Luisa blickt ihn aus glasigen Augen an, ihr Gesichtsausdruck ist … lüstern? Henning schluckt. Dieser Schlafzimmerblick gehört garantiert nicht an diesen Tisch.

„Luisa und ich werden euch jetzt verlassen.“ Er reibt sich mit den Händen kurz über die Oberschenkel, verzieht entschuldigend das Gesicht.

Birgit wirft nur einen kurzen Blick auf ihre Tochter. „Hatte Luisa mehr als ein Glas Wein? Dann solltet ihr tatsächlich lieber gehen. Das Kind verträgt einfach keinen Alkohol.“

Luisas Mutter reicht ihm kurz Jacke und Tasche ihrer Tochter, dann drückt sie ihn an sich. „Wirklich, Henning, ich bin sehr glücklich.“

„Mama, fängst du schon wieder an?“ Die kleine Nase krausgezogen steht das Persönchen neben ihm und krallt sich in die Hintertasche seiner Jeans, wohl auch, um nicht das Gleichgewicht zu verlieren.

„Ist gut, Schätzchen. Deine Mutter meint es doch nur gut." Er löst ihre Finger von seiner Hose, verschränkt sie mit seinen eigenen.

„Du kennst meine Mutter nicht, Henning." Luisas ausgestreckter Zeigefinger schwebt stockend von Birgit auf Hennings Brust und bohrt sich förmlich in seine Haut. „Und nenn mich nicht Schätzchen."

Er küsst grinsend ihren Scheitel. „Das klären wir gleich. Jetzt machen wir uns erst mal auf den Weg."

„Ja, das wird das Beste sein." Auch Leni gesellt sich zu ihnen, drückt Henning an sich. „Pass mir gut auf meine Luisa auf, hörst du?"

Liebevoll betrachtet er das Gesicht von Lenis Enkelin. „Selbstverständlich. Macht euch keine Sorgen."

„Tzzz, ich bin hier, direkt vor euch." Luisa fuchtelt mit der Hand vor ihrem Gesicht herum, den Mund zu einem beleidigten Flunsch verzogen.

„Oh, dessen bin ich mir durchaus bewusst." Er schiebt sie förmlich zur Tür. "Na komm, wir gehen." Kurz hält er inne. „Schaffst du es noch zum Auto?"

Ihr Kopf schnellt in seine Richtung, ihre Pupillen brauchen einen kleinen Moment, um ihn zu fixieren. „Was ist das denn für eine Frage, bitte? Ich könnte den gesamten Weg auch laufen. Du würdest dich wundern."

„Mich wundert gar nichts mehr. Aber wir nehmen dennoch den Wagen, mein Herz, das ist mir lieber."

Ohne ein weiteres Wort zu sagen, bringt er die kleine Schnapsdrossel schnell zu seinem Auto.

~oOo~

Himmel, er riecht so gut. Ich kann gar nicht aufhören, an ihm zu schnuppern. Schon als er mir aus dem Auto geholfen hat. Ich schnuppere an seinem Hals und fummele an meiner Bluse.

Gott hat die viele Knöpfe … Knöpfe … hihihi … was für ein merkwürdiges Wort. Knopf … Knööööpfeeee …

Henning lotst mich unbeirrt durch die Türe zum Wohnzimmer.

„Du solltest dich vielleicht erst mal hinsetzen, mein Herz."

Ich kichere hinter vorgehaltener Hand. „Dummerchen, ich will doch nicht sitzen."

Was denkt er denn, was ich hier mache? Meinen Pyjama anziehen? … Hach endlich.

Der letzte Knopf ist geschafft und ich streife mir den überflüssigen Stoff über die Schulter. Stolpere aber gleichzeitig über meine Füße.

Aber mein starker, gut aussehender und wohlduftender Mann fängt mich auf.

Er fängt mich auf. Jawohl.

„Setz dich hin, mein Herz. Ich hole dir ein Glas Wasser. Du bist viel zu betrunken für Sex." Er grinst blöde und verschwindet in die Küche, lässt Wasser laufen.

Wasser … Himmel, ich müsste vielleicht mal pinkeln.

Vorsichtig ziehe ich den Reißverschluss meines Rockes runter. Ganz laaangsam. Damit er nicht das Innenfutter frisst. Und lasse ihn zu Boden gleiten. Den Rock. Dann kann man nämlich ganz einfach heraussteigen. Vorsichtig. Damit ich mich nicht verheddere.

Das war doch total leicht. Von wegen betrunken.

Giggelnd begebe ich mich zum Klo. Zupfe an meinem Hemdchen. Ist doch ganz schön kühl … nur in Unterwäsche und Hemd …

Dann öffne ich die Badezimmertüre. Und stehe in Teresas Zimmer. Die wiederum wild knutschend mit Ben in ihrem Bett liegt.

Angezogen.

Aber liegend.

„Uuups … Hallo Kinder. Papa und ich sind wieder zu Hause … und ihr seid beschäftigt …"

Plötzlich ist mir bewusst, welches Bild ich abgebe, so in Hemd und Schlüpfer … vor den Kindern. Schnell schließe ich die Türe, um sie unverzüglich wieder zu öffnen. Allerdings nur eben einen Spaltbreit. Teresas Gesicht ist kalkweiß vor Schreck, und ich fürchte, meines ist ähnlich farblos.

Verdammtverdammtverdammt.

„Was, zum Teufel, macht ihr hier?"

Ich bemühe mich um eine ruhige Stimmlage. Aber es gelingt mir nicht sonderlich gut.

Sie wusste doch, dass wir hierherkommen würden. Irgendwann. Im Laufe des Abends.

Schon bekomme ich die Antwort.

„Wir … ich dachte, wir hätten noch Zeit, bis ihr kommt …“

„Überraschung, mein Liebe. Wir sind schon da.“

Mittlerweile sind die beiden auseinandergerutscht. Jeder sitzt an einer eigenen Bettecke. Ich versuche, mein Gehirn zum Nachdenken anzuregen. Aber es ist einfach viel zu viel Wein im Spiel.

Was denkt sich das Mädchen nur dabei? Hätten sich die beiden nicht irgendein anderes Fleckchen zum Rummachen suchen können?

Das wäre mir früher nicht passiert.

Mir will in meinem Zustand einfach nichts einfallen.

Die nun drohenden Konsequenzen muss Teresa wahrscheinlich über sich ergehen lassen.

„Dann überlegt schon mal, was wir Henning erzählen wollen, ihr dummen, dummen Kinder.“

„Was wollt ihr mir erzählen?“

Vielleicht sollte ich mir jetzt erst mal etwas anziehen …

Kapitel 31

„Frau Schwartz, ich habe Herrn Küster in der Leitung. Er wüsste gern, ob Sie ihn vor dem Gerichtstermin noch mal sehen möchten, um die Einzelheiten zu besprechen.“

Der sorgenvolle Unterton meiner Sekretärin schnürt mir den Hals zu. Ich hasse dieses Mitleid, mit dem meine Umwelt mir seit Neuestem begegnet.

„Sagen Sie ihm doch bitte, ich werde eine viertel Stunde vor Beginn des Termins bei Gericht sein. Die Zeit sollte reichen, um noch mal alles Nötige zu klären.“ Ehe sie noch irgendetwas erwidern kann, schmeiße ich den Hörer regelrecht auf mein Telefon zurück und drehe mich in meinem Stuhl Richtung Fenster, genieße die Aussicht, ohne sie überhaupt wahrzunehmen.

Immer und immer spiele ich die Ereignisse meines letzten Abends mit Henning erneut durch.

Versuche mir auszumalen, was geschehen wäre, hätte ich mich anders verhalten.

Oder Henning.

Hätte er mich nicht so … so … behandelt.

Wäre ich nicht einfach zurück nach Hause gefahren.

Mit angeknackstem Ego.

Ich sehe es immer wieder vor mir. Hennings Gesicht, das die Situation in Teresas Zimmer unverzüglich erfasst, sein fragender Blick in meine Richtung.

Die eindringlichen Fragen, welche nach und nach die Wahrheit über Teresas Verschwinden und Bens Rolle in der Geschichte ans Licht bringen.

Sein ungläubiger Blick, als ihm meine Mittäterschaft gewahr wird, die Enttäuschung, mit welcher er mir begegnet ist.

Jeder meiner Versuche, die Lage zu entschärfen, Henning den wahren Hintergrund meiner Handlung begreiflich zu machen, brachte ihn nur noch mehr gegen mich auf.

Und das wiederum schürte nur meinen Starrsinn.

Sein Hinweis, ich hätte keinerlei Erfahrungen im Umgang mit Kindern, seine Zurechtweisung, ich hätte verantwortungslos gehandelt, nur weil ich ihm Bens Anwesenheit in der Hütte verschwiegen habe …

Letzten Endes kann ich noch nicht mal mehr mit Sicherheit sagen, wer damit begonnen hat, laut zu werden.

Aber mein Gefühl sagt mir, dass ich zu weit gegangen bin.

Ich massiere mein Nasenbein.

Es hat keinen Sinn, darüber zu sinnieren, wie es hätte anders laufen können. Worte lassen sich nicht zurücknehmen.

Und mein weingeschwängertes Temperament wollte seine Vorwürfe einfach nicht gelten lassen. Also schrie ich ihm letztendlich ins Gesicht, dass er ein verbockter, sturer Bauer sei, der sich hin und wieder mal die Zeit nehmen solle, sich mit seiner Tochter zu unterhalten, ehe ich mit Ben an der einen und meiner Tasche in der anderen Hand einfach in Richtung Bahnhof entschwunden bin.

Verstohlen wische ich mir die Tränen aus den Augenwinkeln und versuche, das Kribbeln in meiner Nase zu ignorieren.

Ich hab´s versaut. Mal wieder. Und zwar gründlichst.

Nur dieses Mal frisst es mich auf. Ich habe mich in Henning verliebt. Und ich habe ihn belogen und enttäuscht, obwohl mir nichts ferner liegen sollte.

Nichts hätte mich auf den Ausdruck in seinen Augen vorbereiten können.

Diese plötzliche Distanz in seiner Stimme.

Und dass er sich nicht mehr bei mir gemeldet hat, spricht nur dafür, dass er mich bereits abgeschrieben hat.

Ich selbst bin nicht in der Lage, ihn anzurufen. Um Verzeihung zu bitten. Alleine die Erinnerung an diese bodenlose Traurigkeit in seinen Augen, als ich wie eine Furie über ihn hergefallen bin … Nein, diesem Blick kann ich niemals wieder begegnen, ohne zusammenzubrechen.

Stattdessen vergrabe ich mich lieber in meinem Selbstmitleid und male mir aus, wie es stattdessen hätte werden können.

Nach einer schrecklich tränenreichen Heimfahrt bat ich also meine Mutter, das Auto wieder mit nach Hause zu bringen, wenn sie zwei Tage später wieder zurückführe und auf diesem Wege auch direkt meinen Koffer mit einzupacken.

Sie ist selbstverständlich aus allen Wolken gefallen. Nicht nur, dass ich einen Streit mit Henning hatte, sondern dass ich auch noch einfach geflüchtet bin. Mich nicht damit auseinandergesetzt habe. Ich hätte mich mal wieder für den Weg des geringsten Widerstandes entschieden.

Und das Allerschlimmste daran ist, dass ich sehr wohl weiß, dass sie verflucht noch mal recht hat.

Ihre wortlose Missbilligung ist mittlerweile einem sorgenvollen Bemuttern gewichen.

Ständig ruft sie mich an, erkundigt sich nach meinem Befinden.

Bin ich gerade nicht zu sprechen, löchert sie eben Frau Jung, meine Sekretärin.

Es ist also kein Wunder, dass sogar der Flurfunk in der Kanzlei seinen informellen Informationsfluss aufgenommen hat.

Das Klopfen an meiner Türe reißt mich aus meinen Gedanken.

„Hey, du gehst jetzt mit mir etwas essen."

Mit einem Lächeln drehe ich mich zu meinem Bruder. „Und was, wenn ich nicht will?"

David winkt ab. „Diese Option habe ich nicht zur Auswahl gestellt. Also bewege gefälligst deinen Hintern."

Den Weg zum Italiener verbringen wir schweigend. Ich bin jedoch nicht so blauäugig, darauf zu hoffen, dass es dabei bleibt.

Und richtig, kaum hat der Kellner unsere Bestellung aufgenommen, legt er auch schon los.

„Was ist los mit dir? Langsam beginne ich, mir ernsthaft Sorgen zu machen."

Genervt verdrehe ich die Augen, nippe an meinem Wasser. David hebt lediglich eine Augenbraue, verzieht sein Gesicht zu einem halbseitigen Lächeln. „Wirklich? Das ist alles? Verdrehte Augen? … Du warst schon mal schlagfertiger."

„Was möchte Mama wissen, hm? Dann ersparen wir uns das ganze Drumherum und ich erzähle es dir sofort." Betont langsam lege ich die Serviette über meinen Schoß, obwohl es wahrscheinlich noch Minuten dauert, ehe ich meine Pizza serviert bekomme.

„Was meinst du?" Der Blick meines Bruders ist oskarreif. Die zusammengezogenen Augenbrauen, das Fragezeichen auf der Stirn.

Völlig erstaunt sieht er mich an und wirkt für einen Moment absolut unwissend. Als hätte er wirklich keine Ahnung, worauf ich hinausmöchte.

Ich zweifle kurz an meiner Theorie. Doch immerhin bin ich mit ihm aufgewachsen.

So schnell lasse ich mich nicht täuschen.

„David, du willst mir doch nicht erzählen, dass dieses Essen hier auf deinem Mist gewachsen ist."

Meine rechte Augenbraue zieht sich in die Höhe, ebenso wie die Mundwinkel meines Bruders.

Sicher, er hat diese Fähigkeit ausgefeilt. Für Anna, seine Frau, wird es reichen, aber mich führt er damit nicht hinters Licht.

„Es war einen Versuch wert, oder nicht?“ Er prostet mir mit seinem eigenen San Pellegrino zu. „Aber im Ernst, dir geht es nicht besonders, oder?“

„Das ist ein offenes Geheimnis. Ich gehe davon aus, du bist über jede meiner Schandtaten bereits bestens informiert?“

„Zumindest über die Eckpunkte.“ Sein Schmunzeln geht in breites Grinsen über, ehe er wieder ernst wird.

„Also, … was hat es mit diesem Henning Josten auf sich und warum igelst du dich zu Hause ein?“

Ich seufze tief, stütze meine Ellbogen links und rechts neben meinen Teller, lege mein Kinn auf die ineinander verschränkten Finger. „Wo fange ich nur an …?“

„Am besten von vorne, damit ich auch alles korrekt und en detail weitergeben kann.“

Es ist das erste Mal, dass ich darüber spreche. Und ich kann die vereinzelten Tränen nicht aufhalten, die mir über die Wangen laufen. Und David hat nicht vor, mich zu trösten. Im Gegenteil.

„Du hast ihm den Jungen verschwiegen?“

„Himmelherrgott, warum ist das so ein Weltuntergang?“

„Na, weil es um seine Tochter geht und die beiden in dieser Hütte wer weiß was getrieben haben könnten." Seine gerunzelte Stirn und das damit verbundene Kopfschütteln lässt mich ziemlich im Regen stehen.

Er hätte wenigstens ein wenig Verständnis für mich heucheln können …

„Klar, das ist alles, woran ihr Männer denken könnt … Sie hat sich vor ihrer Mutter versteckt, ist das etwa nichts?" Meine Stimme wird ein wenig piepsig.

Davids Vorwurf hält mir nur erneut meine Unzulänglichkeit vor Augen. Ich bin mir durchaus bewusst, dass ich einen Fehler gemacht habe. Jedoch sträube ich mich vehement dagegen, die einzig Schuldige an diesem Desaster zu sein.

„Gut, aber das hätte Henning mit seiner Tochter selbst ausmachen müssen." Seine Finger spielen mit seiner Gabel. „Wenn ich mir vorstelle, Elena wäre 15 Jahre alt und wer weiß wie lange schon mit einem 2 Jahre älteren Jungen in irgendeiner Hütte … ojeojeoje, der arme Bengel." Er legt das Besteck wieder neben die Serviette.

„Deshalb hätte er mich aber noch lange nicht so anfahren brauchen."

„Für mich hört es sich eher so an, als hättest du ihm ordentlich Paroli geboten. Und wenn Anna mich auch noch diesbezüglich belogen hätte …?" Er schüttelt den Kopf. „Und wir sind immerhin schon etwas länger zusammen." Er macht eine pädagogische Pause, die selbstverständlich ihre Wirkung nicht verfehlt. „Wirklich, Luisa, da hast du wohl richtig tief ins Klo gegriffen."

Ich reibe mir resigniert über die Augen. „Ist ja auch egal. Es ist vorbei."

„Vor allen Dingen, weil du einfach verschwunden bist, anstatt die Angelegenheit mit Henning zu klären." Sein Blick ruht auf mir und erneut sitzt ein Kloß in meiner Kehle.

„Ich weiß. Jetzt ist es aber zu spät, um es zu ändern." Mit gesenktem Blick kämpfe ich gegen die erneuten Tränen an.

„So ein Unsinn. Seit wann kapitulierst du denn so schnell?" Sein Blick durchbohrt mich förmlich. Ich sehe kurz an die Decke, ehe ich ihm begegnen kann.

„David, er hat sich nicht bei mir gemeldet. Ich denke nicht, dass ich das anders interpretieren sollte, als dass er einen Schlussstrich gezogen hat."

„Oh man, dich hat es schwer erwischt." Ungläubig lehnt sich David in seinem Stuhl zurück. „Meine Schwester ist verknallt. Dass ich das noch erleben darf."

Meine Stoffserviette findet den Weg über unseren Tisch mitten in sein Gesicht. Völlig unbeeindruckt reicht er sie mir zurück. „Fahre hin, sprich mit ihm. Ich bin mir ziemlich sicher, dass er dir nicht die Türe vor der Nase zuschlägt."

„Nein, das kann ich nicht, David."

„Und ob du das kannst, Schwesterherz. Du solltest nicht so schnell aufgeben. Und außerdem … du hast dich bei ihm auch nicht gemeldet und es geht dir beschissen … warum sollte es ihm anders gehen? Spätestens an Omas Geburtstag lauft ihr euch eh wieder über den Weg."

Eine Faust legt sich um meinen Magen. Ich denke bereits die ganze Zeit darüber nach, wie ich dem Geburtstag einfach fernbleiben kann.

Vielleicht ein Magen-Darm-Virus? Ein Blinddarm-Durchbruch? Oder irgendetwas ähnlich Gravierendes.

Wie auf Kommando erscheint Davids mahnender Zeigefinger vor meinem Gesicht. „Denke noch nicht mal im Traum darüber nach, Luisa. Diese Suppe löffelst du aus." Seine Augenbrauen tanzen auf und ab. „Es wäre doch schön, wenn ich im Gegenzug einige Anekdoten über dich erzählen könnte. Immerhin habe ich noch einige Geschichten gut. Du erinnerst dich?"

Er schielt über seine Gabel. Ich muss gegen meinen Willen lachen.

„Ach hör schon auf. Anna hat es doch locker aufgenommen, dass du gerne Mädchenkleider trägst."

„Das war eine verlorene Wette und ich würde mich sehr gerne für diese kleine Episode revanchieren."

Und ich würde dir entsetzlich gern etwas Nachhaltigeres als meine Serviette an den Kopf werfen.

Stattdessen tippe ich mir gegen die Stirn. „Du hast sie nicht mehr alle."

David lacht und der Kellner bringt endlich meine Pizza.

Kapitel 32

Kurzerhand beschließe ich, für heute Feierabend zu machen, und melde mich nur kurz für den Rest des Tages im Büro ab, ehe ich mich von David nach Hause fahren lasse. Ins Büro fahre ich grundsätzlich mit den öffentlichen Verkehrsmitteln.

Die Parkmöglichkeiten sind verheerend und oftmals geht es mit dem Bus schneller als im zäh fließenden Berufsverkehr zu den Stoßzeiten.

„Da sitzt jemand vor deiner Haustür." David reißt mich aus meinen Gedanken.

Im ersten Moment traue ich meinen Augen nicht. „Halte mal an, bitte. Das ist doch …" Schon reiße ich die Türe auf, völlig ungeachtet dessen, dass der Volvo meines Bruders noch nicht vollends zum Stehen gekommen ist.

„Teresa?" *Was, in Gottes Namen* … „Teresa, was machst du hier?" Ich hechte über die Straße. Hennings Tochter erhebt sich aus der sicherlich nicht sonderlich bequemen Position vor meiner Haustüre und sieht mir ein wenig unsicher entgegen. Sie reibt ihre Handinnenflächen gegeneinander und ihr Lächeln wirkt ein wenig gezwungen, als ich vor ihr zum Stehen komme.

„Sag, ist etwas passiert?", ich blicke mich suchend um, „bist du alleine gekommen?" Mein Herz macht einen Hüpfer in meinen Hals.

Henning …

Aber ich kann ihn nirgends entdecken. Die Ernüchterung zwingt mich fast in die Knie.

Natürlich steht er nicht vor deiner Türe, du dummes Huhn. Was soll er auch hier?

Mit zusammengepressten Lippen atme ich tief ein und wende mich wieder seiner Tochter zu. Sie scheint derweil um ihre Fassung zu ringen.

„Ja …, ich meine nein, es ist nichts passiert … zumindest nichts Schlimmes." Sie schluckt hart, als ich ihr eine Haarsträhne aus dem Gesicht streiche. Dann hebt sie den Blick, trifft meinen. „Wir haben uns gestritten. Papa und ich. Wegen Ben. Und der Hütte." Ihr Kinn beginnt zu zittern.

David fährt mit geöffnetem Fenster an uns vorbei, lenkt sie einen Augenblick von ihrer Geschichte ab.

„Ist alles in Ordnung?" Fragend bremst er ab.

„Jaja, ich habe unerwartet Besuch bekommen. Danke fürs Heimbringen. Wir telefonieren."

„Okay, und denke darüber nach, was ich dir gesagt habe."

Ich verdrehe die Augen und winke ihn ungeduldig weiter. David lacht und gibt Gas. Teresa staunt ihm mit offenem Mund hinterher. „War das dein Freund?"

„Teresa, bitte. Was denkst du von mir? Das war mein Bruder." Mit einem Schnauben greife ich in meine Tasche, suche meinen Haustürschlüssel.

„Puh, für einen Moment dachte ich, du hättest Papa abgeschrieben. Er ist ganz schön neben der

Spur, seitdem du weg bist. Echt, so habe ich ihn noch nie erlebt."

Jetzt kann ich sie nur mit offenem Mund anstieren.

Was soll ich jetzt nur mit dieser Information anfangen?

Er hat mich abgeschrieben, fertig!

Kurz kneife ich die Augen zusammen, lege eine Hand auf ihre Schulter, mit der festen Absicht, sie nicht an meinem Gefühlswirrwarr teilhaben zu lassen. Sie sieht ganz so aus, als wäre ihr eigenes für sie Chaos genug. „Jetzt komm erst mal mit hoch und dann erzählst du mir alles."

Neugierig sieht Teresa sich in meiner Wohnung um, während ich uns einen Tee koche.

„Nett ist es hier." Anerkennend fährt sie mit dem Zeigefinger über die Arbeitsplatte meiner großzügigen Küche.

Überrascht von so viel offenkundiger Sympathie für meine Art zu wohnen, drücke ich ihr lächelnd eine Tasse in die Hand.

Wer hätte bei unserer ersten Begegnung in Omas Küche damit rechnen können, dass sie mich jemals so gut wird leiden können?

„Na, Gott sei Dank. Und ich hatte schon die Befürchtung, es sei zu spießig für einen Teenager." Augenscheinlich erleichtert gestikuliere ich mit meiner freien Hand gen Himmel und schicke ein Dankgebet an meine Küchenlampe.

Teresa runzelt die Stirn und zieht eine beleidigte Grimasse. „Nein, echt jetzt. Papa würde es hier auch gefallen."

Wieder zieht sich mein Magen zusammen.

Das werden wir nie erfahren.

Fast ein wenig grob dirigiere ich sie aus der Küche. „Komm, wir setzen uns auf die Couch. Da ist es am bequemsten … und dann sagst du mir endlich, warum du hier bist.“

Sie seufzt dramatisch, lässt sich aufs Sofa fallen. „Seit du weg bist, stänkert Papa nur noch rum. Nichts kann man ihm recht machen.“ Mit Daumen und Zeigefinger lässt sie den Teebeutel an seinem Faden in der Tasse auf- und abhüpfen. Wie hypnotisiert beobachte ich die Tropfen, die über den Tassenrand schwappen und feuchte Flecken auf meinem Wohnzimmertisch hinterlassen.

Es geht ihm genauso mies wie mir …

„Sogar Oma Leni verzweifelt schon. Sie hat ihn sogar angeschrien, er soll sich gefälligst mal zusammenreißen. Kannst du dir das vorstellen?“

Endlich legt sie die Hand um die Tasse, hört auf, den Beutel zu drangsalieren.

Als mir ihr fragender Blick bewusst wird, schüttele ich pflichtschuldigst den Kopf. „Nein, das kann ich mir nicht vorstellen.“ Meine Stimme klingt selbst in meinen Ohren hohl und schwammig. *Ich kann es mir so gar nicht vorstellen …*

Wieso muss dieses Kind hier auftauchen und mich darauf aufmerksam machen, wie sehr ich es mal wieder vermasselt habe?

Das Schicksal macht sich doch über mich lustig. Anders kann ich es mir nicht erklären.

„Und ständig telefoniert er mir hinterher. *Wo bist du? Was machst du? Mit wem bist du unterwegs?*" Teresas Interpretation von Hennings Stimme kommt dem Original gefährlich nahe und als sie auch noch ihre Augenbrauen bedrohlich zusammenzieht, ganz wie ihr Vater, muss ich doch schnell einen Schluck aus meiner Tasse schlürfen, um ein Kichern zu unterdrücken.

„Aber kannst du ihn denn nicht wenigstens ein bisschen verstehen? Er macht sich Sorgen um dich." Ich fühle mich doch ein wenig dazu berufen, Partei für diesen fürchterlich nervigen Vater zu ergreifen.

Sie hebt den Blick, die Brauen noch immer zu einem Strich zusammengezogen. „Doch, ich kann das alles verstehen. Was ich nicht verstehe, ist, dass ihr nicht miteinander redet. Er wäre wahrscheinlich besser gelaunt, wenn du ihn einfach angerufen hättest."

Der bittere Unterton in ihrer Stimme jagt mir einen Schauer über den Rücken. „Teresa … das ist nicht so einfach, wie du dir das vorstellst." Meine Hand liegt auf ihrem Oberschenkel. Sie schiebt sie weg, springt förmlich auf. Der Tee in ihrer Hand schwabbert gefährlich an den Tassenrand.

„Was soll daran schwierig sein? Du nimmst den Hörer in die Hand und rufst einfach an. Ihr Erwachsenen predigt doch immer darüber, dass man über alles reden kann." Wütend blitzt sie mich an, der Mund patzig verzogen. „Scheiße, ich dachte wirklich, dass ihr euch gut versteht … dass wir uns gut verstehen." Mit ihrer freien Hand zeigt sie zwischen uns hin und her.

Wieder bebt ihr Kinn und auch meine Nase beginnt zu kribbeln. Tatsächlich steigen mir Tränen in die Augen, die ich verzweifelt versuche wegzublinzeln.

Oh Gott, was soll ich darauf nur antworten? Ich habe keine Erfahrung mit solchen Dingen …

„Teresa, bitte setze dich wieder zu mir." Meine Hand klopft auf den nunmehr leeren Platz unweit von mir.

Undamenhaft ziehe ich meine Nase hoch, versuche, an dem Kloß in meinem Hals vorbei zu atmen.

Sie kommt meiner Aufforderung nach, jedoch mit einem ordentlichen Abstand zwischen uns. Wahrscheinlich auch, um mir weiterhin zu signalisieren, dass sie noch nicht versöhnt ist mit der Situation.

Ich streiche meine Haare hinter die Ohren und lecke mir über die Lippen.

Himmel, ist es so, wenn man Kinder hat?

„Weißt du, dazu gehören immer zwei Personen. Dein Vater hätte auch mich anrufen können." Ich zwinge meine Stimme zur Sachlichkeit. Es ist bereits das zweite Mal an diesem Tag, dass ich mich erklären muss. Und in mir ist es noch lange nicht so ausgeglichen und relaxt, wie ich meinem Umfeld gerne Glauben machen möchte.

„Das würde er nicht tun. Deshalb musst du den nächsten Schritt machen."

Na, aber natürlich muss ich das.

Als wäre es das Selbstverständlichste der Welt.

„Aha, und warum? Ich meine, warum muss ich den ersten Schritt machen?"

Jetzt bin ich aber doch gespannt auf die Ansichten eines 15-jährigen Teenagers.

„Wegen meiner Mutter. Sie ist auch einfach abgehauen."

Das Blut weicht aus meinem Gesicht und alleine das Atmen fällt mir unsagbar schwer.

Ich höre ihren weiteren Ausführungen nicht mehr zu. Kann ihnen nicht folgen. Immer wieder hallt ihre Stimme in meinem Kopf wider.

Wegen meiner Mutter. Sie ist auch einfach abgehauen.

Wegen meiner Mutter. Sie ist auch einfach abgehauen.

Wegen meiner Mutter. Sie ist auch einfach abgehauen.

Wild gestikulierend holt mich Hennings Tochter zurück in die Gegenwart. „… und deshalb musst du zuerst anrufen, verstehst du es jetzt?" Die Hoffnung in ihrem Gesicht lässt mich innerlich förmlich zusammenbrechen.

Sie rutscht wieder näher zu mir, nimmt meine Hand. „Wirklich, Luisa, bitte. Du musst wieder mit ihm sprechen. Er ist so … so …", hilflos sucht sie nach dem passenden Wort. „Er ist so unglücklich." Mit dem Handrücken wischt sie sich über die Nase. „Und vielleicht mag er ja dann auch Ben, wenn ihr euch wieder vertragt … du und Papa." Ein

Schluchzen durchfährt ihren Körper und ich ziehe sie in meine Arme, unsicher, wie ich mit dem Sturm umgehen soll, der in mir tobt.

Das arme Kind hat keine Mutter, darf ihren Freund nicht sehen und ich?

Ich bin auch auf Nimmerwiedersehen über alle sieben Berge.

Das sind sehr gute Eigenschaften, Luisa. Erst Mist bauen und sich dann verkrümeln. Bloß kein Zugeständnis, kein Blick über den eigenen Tellerrand.

Ich schlucke hart. Mir wird klar, dass es an der Zeit ist, über den eigenen Schatten zu springen.

Wenn nicht für Henning … für wen denn dann?

Kein anderer Mann war es in meinen Augen bisher wert, dass ich einmal gefällte Entscheidungen überdenke, mich selbst infrage stelle.

Entweder er schluckt es oder eben nicht.

Meistens haben meine, nennen wir es mal Beziehungen, eh nicht lange genug gehalten, um einen Gedanken daran zu verschwenden, ob mein Weg immer der richtige ist.

Aber scheiße, bei Henning …

Er hat diese Luisa nicht verdient. Die egoistische, kompromisslose Luisa.

Und ich will diese Luisa auch nicht mehr sein.

Ich will meine eigene rosarote Wolke und meinen ganz persönlichen Pantoffelhelden.

Und so schlimm kann das mit dem Entschuldigen ja nicht sein, oder?

Tränen laufen meine Wangen hinab, tropfen auf Teresas Pullover.

Höchste Zeit, aufzubrechen.

Noch ehe ich Angst vor meiner eigenen Courage bekomme, sind die Worte bereits über meine Lippen. „Okay, ich fahre dich nach Hause und rede mit ihm."

Es rauscht hinter meinen Ohren und eine Übelkeit ergreift mich, die mir den Schweiß unter meinen Brüsten und im Nacken ausbrechen lässt.

Aber ich kann das Versprechen auch nicht wieder zurücknehmen. Also werde ich einmal in meinem Leben *die Suppe auslöffeln*, wie David es so trefflich formuliert hat.

Ich wünschte nur, ich hätte auch die Zuversicht, dass ich mich nicht daran verschlucke.

Kapitel 33

~oOo~

„Ach, verdammter Mist.“ Mit schmerzverzerrtem Gesicht schüttelt Henning die Finger seiner rechten Hand. Mit dem Ellbogen des linken Arms schiebt er den Topf von der heißen Herdplatte, ehe er zur Spüle hechtet, um die verbrannte Haut zu kühlen. Die Stirn lehnt er gegen den Hängeschrank und starrt auf das über seine Hand fließende Wasser.

Das war definitiv nicht seine Woche. Erst das Weinfest am vergangenen Wochenende. Ohne Luisa.

Seine Brust wird bleischwer und sein Magen verknotet sich bei der Erinnerung daran.

Er hat sich volllaufen lassen. Hat vor seinem Kunden die Kontrolle verloren.

Henning kneift die Augen zusammen und stellt das Wasser wieder ab.

Es bilden sich bereits kleine Brandblasen auf seiner Haut.

Vorsichtig trocknet er sich ab, ehe er sich auf die Suche nach einer Salbe macht.

Er kann von Glück sagen, dass er den Auftrag behalten hat. *Wenigstens etwas.*

Dann der nun schon fast eine Woche andauernde Streit mit Teresa. Himmel, er kann sich nicht daran erinnern, sich jemals so mit ihr gefetzt zu haben.

Diese Uneinigkeit mit seiner Tochter zerfrisst ihn regelrecht.

Aber sie will einfach nicht begreifen, dass sie noch viel zu jung ist für einen festen Freund, der - wohlgemerkt - auch noch zwei Jahre älter ist als seine Tochter. Und sie ist erst recht zu jung, um sich mit diesem um Jahre älteren Freund mutterseelenallein in irgendeiner Hütte aufzuhalten.

In Matthias‘ Hütte.

Wütend knirscht er mit den Zähnen.

Nein, das war überhaupt nicht seine Woche.

Wieder erscheint Luisas Bild vor seinem inneren Auge und wieder vergiftet bittere Galle seine Eingeweide.

Er durchwühlt den Medikamentenschrank. Dabei fallen die darin befindlichen Verpackungen und Tablettenblister auf den Boden.

„Fuck.“ Henning ballt die gesunde Hand zu einer Faust, doch ehe er sie neben sich in die Wand schlägt, besinnt er sich eines Besseren.

Kopfschüttelnd verstaut er alles wieder an seinem Platz und setzt sich mit einer Brandsalbe auf den Badewannenrand.

Aber es gestaltet sich als ziemlich schwierig, sich selbst zu verarzten. Sein Kiefer zuckt. Am besten legt er sich einfach wieder ins Bett.

Schließlich beendet er dieses sinnlose Unterfangen und wickelt einfach ein nasses Gästehandtuch um seine Hand.

Das Bellen des Hundes reißt ihn aus seinen trüben Gedanken. Unwillig erhebt er sich von der Badewanne.

Auf Besuch hat er jetzt so überhaupt keine Lust.

~oOo~

Ich höre Bootsmann anschlagen, als wir auf den Karsten-Hof fahren. Meine Handflächen schwitzen und fast bekomme ich Angst, sie rutschen mir vom Lenkrad. Mein Magen schlägt Kapriolen und mein Herz klopft so heftig gegen meinen Brustkorb, dass ich befürchte, Teresa könnte es hören.

Immer wieder atme ich tief durch die Nase ein und aus, dass mir schon ganz schwindelig ist.

Aber es hilft einfach nicht gegen die Nervosität in mir.

Während Teresa beherzt die Beifahrertür öffnet und aussteigt, schließe ich meine Augen, wünsche mich weit weg von hier.

„Jetzt komm schon, er ist zu Hause." Ungeduldig winkt sie mich aus dem Auto und mir bleibt nichts anderes übrig, als es ihr gleichzutun und ebenfalls auszusteigen, oder aber den Rückwärtsgang einzulegen und auf dem schnellsten Weg wieder zurück in die Stadt zu brettern.

Wie überaus verlockend!

Aber noch bevor ich einen endgültigen Entschluss fassen kann, öffnet sich die Haustüre und Bootsmann springt uns entgegen.

Seine Pfote ist nicht mehr verbunden.

Ich habe keine Ahnung, warum das der erste Gedanke ist, der mir durch den Kopf geht. Vielleicht, weil ich dann nicht aufblicken muss, um unweigerlich Hennings Blick zu begegnen, der hinter seinem Vierbeiner in der Tür erscheint.

~oOo~

Luisa … Sein Herz rutscht ihm in die Hose.

Was, verdammte Scheiße, will sie noch hier?

Ihre Worte waren deutlich und hart.

Und es hat ihn einiges an Überwindung gekostet, jeden Morgen aufs Neue aufzustehen, sie nicht anzurufen, ihr hinterherzufahren.

Fast schmerzhaft zieht sich sein Brustkorb zusammen und er reibt sich über die Augen, nicht ganz einig mit sich, wie er sich verhalten soll.

Diese Frau hätte alles für ihn sein können.

Er ist ihr bereits verfallen. Mit Haut und Haaren.

Aber sie ist gegangen … aus seinem Haus, seinem Leben … Und er kann das nicht noch einmal durchmachen. Diese Ungewissheit, dieser Schmerz.

Jetzt steht sie hier, mitten in seiner Einfahrt, einfach so. Wirft ihn wieder Kilometer weit zurück.

Nicht, dass er bereits Fortschritte gemacht hätte. Aber lieber ein Ende mit Schrecken, als … wie hieß diese dämliche Weisheit noch gleich?

~oOo~

Sein Gesicht wirkt versteinert, als er mich erblickt und fast rechne ich damit, dass er die Türe wieder zuwirft. Aber nichts dergleichen passiert.

Er steht einfach da und mustert mich wortlos. Ein Bartschatten ziert sein Gesicht, ein strenger Zug liegt um seinen Mund. Die Lippen fest aufeinanderliegend, dass sämtliche Farbe aus ihnen gewichen ist.

Auch mir bleiben die Worte regelrecht im Hals stecken und ich räuspere mich kurz.

Teresa erfasst die Situation und verschwindet umsichtig im Stall, lässt uns allein.

„Was willst du hier? Ich glaube nicht, dass du etwas vergessen hast, als du von hier verschwunden bist.“ Seine Stimme ist eisig und ein kalter Schauer rinnt über meinen Rücken, lässt mich frösteln.

„Ich wollte mit dir reden.“

Meine Stimme zittert und ich schiebe meine Hände in die Hosentasche, um sie nicht unentwegt gegeneinanderzureiben.

„Es gibt nichts mehr zu reden, Luisa. Du hast alles Nötige bereits gesagt.“ Seine Körperhaltung entspannt sich nicht. Kein Hinweis darauf, dass ich einen Zugang zu ihm finde.

„Bitte Henning. Ich wollte mich …“ Mein Schuh bohrt die Absätze in den Kies der Einfahrt, mein Hals ist zugeschnürt. Schließlich straffe ich meine Schultern, sehe ihn direkt an. „Ich wollte mich entschuldigen.“

So, jetzt ist es raus.

„Das hast du hiermit getan. Jetzt kannst du wieder fahren." Die Endgültigkeit, mit der er diese Worte spricht, durchfährt mich, liegt wie ein Bleigewicht auf meinem Brustkorb.

„Ich würde lieber bleiben." Mein Herzschlag erhöht sich. Vergeblich suche ich nach Wärme in seinem Gesicht. Irgendetwas, was dem Henning nahe kommt, den ich verlassen habe. Aber da ist nichts mehr. So rein gar nichts.

„Ich möchte nicht, dass du bleibst, Luisa."

Nichts hätte mich auf die Wirkung dieser Worte vorbereiten können. Wie eine Faust treffen sie mich genau in den Magen. Mein Herz krampft sich zusammen und Tränen bahnen sich den Weg über mein Gesicht. Ich kann nicht antworten, aus Angst meine Stimme wird versagen.

„Ich habe das alles schon mal erlebt. Ich brauche keine Frau, die bei jedem Streit das Weite sucht. Es tut mir leid. Fahre wieder nach Hause."

Und dann wendet er sich ab und verschwindet im Haus. Und ich stehe wie vom Donner gerührt in der Einfahrt, unfähig all das zu verarbeiten.

~oOo~

Henning lehnt sich mit dem Rücken gegen die Haustüre, schließt die Augen. Als er das Auto endlich wegfahren hört, beginnt er zu heulen wie ein kleines Kind. Immer wieder erschüttern die Schluchzer seinen Körper.

Sie ist gegangen. Dieses Mal endgültig. Doch anstatt der erwarteten Erleichterung fühlt er sich, als hätte man ihm das Herz herausgerissen.

Aber er schafft das nicht noch mal.

Alles hätte er ihr verziehen. Die Sache mit der Hütte, dass sie ihn angeflunkert hat.

Aber nicht, dass sie abgehauen ist.

All das reißt alte Wunden in ihm auf. Eiskalt und völlig unerwartet steht er wieder vor dem Nichts.

Aber dieses Mal hat er das Zepter in der Hand. Bestimmt selbst, dass er sich nicht noch mal so verletzbar werden lässt für eine Frau.

Und dabei spielt es auch überhaupt keine Rolle, dass ihm seine eigene Entscheidung plötzlich so falsch vorkommt.

~oOo~

Kapitel 34

Ich zittere am ganzen Körper, versuche schon gar nicht mehr, die Tränen wegzuwischen.

Wie durch einen Nebel setze ich mich wieder hinters Steuer, lenke den Wagen auf den kleinen Zufahrtsweg Richtung Landstraße.

Er hat mich weggeschickt. Und mir keine Chance gegeben, mich zu erklären.

Betäubt wische ich mir über Nase und Augen.

Warum musste ich auch noch mal herkommen? Alles war besser als dieser Ausdruck in seinem Gesicht. Diese Kälte, mit der er mir begegnet ist.

Oh Gott … wie soll ich das jemals wieder vergessen können?

Aus dem Radio erklingt Bakkushan und ich drehe Daniel Schmidts Stimme lauter auf.

„Was für ein trauriger Moment, du sagst mir nur, wir sollen uns nicht mehr sehn … ich war mir sicher, dass mit uns ist so perfekt, das kann nur gut ausgehen …"

Ein neuer Heulkrampf erschüttert mich. Wer hätte gedacht, dass *„Nur die Nacht"* mal mein Motto werden wird? Mein Herz presst sich zusammen und meine Brust wird eng.

Ich brülle den Refrain regelrecht gegen meine Windschutzscheibe, als würde es mir irgendwie helfen, mir Trost verschaffen.

Und mir bleibt nur die Nacht, nur die Nacht … und traurige Lieder … Du fehlst mir … nichts ist, wie es war, und man sagt, es wird schon wieder … doch es stimmt nicht … nichts wird, wie es war …

Die Tränenflut verschleiert meinen Blick und mein aufgewühltes Innerstes gibt mir den Rest.

Anders kann ich mir nicht erklären, warum ich den bescheuerten Baum nicht gesehen habe.

Aber plötzlich steht er mitten auf meiner Fahrbahn. Und ich rase ungebremst hinein. Und dann wird es leise um mich herum und dunkel …

~oOo~

„Was soll das heißen, sie ist wieder weg?"

„Und was hast du dir dabei gedacht, mit dem Zug zu ihr zu fahren und sie mit hierherzubringen?"

„Mensch, Papa, damit ihr endlich miteinander redet. Ich kann deine schlechte Laune nicht mehr ertragen." Teresa stemmt die Hände in ihre Hüften und reckt ihr Kinn energisch nach vorne.

Resigniert fährt sich Henning über die Stirn. „Teresa, da gibt es nichts mehr zu besprechen. Das mit Luisa und mir hat einfach nicht geklappt. Und jetzt will ich nichts mehr darüber hören, ist das klar?"

Trotzig stürmt seine Tochter aus dem Haus. „Jaja, wenn du nicht mehr reden willst, dann muss ich mich daran halten. Und andersherum ist es dir völlig egal."

Sein mahnendes *Teresa Josten* wird bereits durch die zugeknallte Türe zurück in den Raum geworfen.

Henning schüttelt hilflos den Kopf und wappnet sich bereits vor einem weiteren diskussionsreichen Tag mit seiner Tochter, sollte sie denn heute überhaupt noch mal mit ihm sprechen.

Himmel, wann hat sein Leben denn begonnen, derart kompliziert zu werden?

Es hat Stunden gedauert, bis er sich einigermaßen beruhigt hat. Es akzeptiert hat, dass Luisa gefahren ist. Weil er es so wollte.

Jetzt muss er nur noch versuchen, das auch weiterhin vor sich selbst zu rechtfertigen, um den schalen Beigeschmack loszuwerden.

Das Klingeln des Telefons lässt ihn unwillig aufstöhnen.

„Henning? Bist du das?"

Helenes Stimme klingt aufgeregt. Nichts erinnert an die resolute alte Dame, die er zuletzt heute Morgen beim Bäcker getroffen hat.

„Ja … natürlich. Ist alles in Ordnung bei dir? Du klingst so aufgeregt …" Sie unterbricht ihn. „Henning, du musst sofort herkommen und mich abholen. Das Krankenhaus hat mich gerade angerufen." Ein tiefes Aufschluchzen unterbricht ihren Redeschwall.

„Um Gottes willen, was ist denn passiert?"

„Luisa … Sie hatte einen Unfall. Und ich kann Paul nicht erreichen …“

Eisige Kälte kriecht durch seine Gedärme. Er legt eine Hand auf seine zugeschnürte Kehle und zwingt sich zu atmen.

Luisa hatte einen Unfall. Wie? Wo?

Henning spürt Panik in sich aufsteigen.

Das kann nicht sein. Luisa ist bereits zu Hause angekommen. Hat sich einen Kaffee gekocht, sieht fern.

„Kannst du mich zum Krankenhaus fahren? … Henning?“

Er schluckt hart. „Ja, … ja klar. Ich fahre sofort los.“ Wie in Trance stellt er das Telefon wieder in die Station, ehe er nach seinem Autoschlüssel sucht, um ins Krankenhaus zu fahren.

„Ich hatte keine Ahnung, dass sie herkommen wollte.“ Immer wieder wischt sich Helene mit dem Taschentuch über die Augen. Über Luisas Zustand hat man ihr am Telefon nichts gesagt, nur dass sie bitte kommen möchte, um noch einige Formalitäten zu klären.

Eine Einladungskarte mit der Anschrift einer gewissen Helene Kappelmann hätte im Auto gelegen, daher ginge man davon aus, dass sich die Verunglückte von dieser Adresse aus auf dem Heimweg befunden haben muss.

Noch immer fassungslos blickt Luisas Großmutter aus dem Fenster, versucht zu begreifen, was passiert sein könnte.

„Sie war bei mir." Henning umkrallt sein Lenkrad, bis die Knochen seiner Finger weiß hervortreten. Seine verbrühte Hand beginnt wie wild zu pochen, aber ihm kommt der Schmerz nur gelegen.

Und ich habe sie weggeschickt.

„Bei dir?" Verwundert faltet sie die Hände im Schoß, blickt ihn fragend an. „Habt ihr … euch wieder vertragen?"

Ihre Stimmlage verrät Henning bereits, dass sie vermutet, dass dem nicht so war. Er schüttelt nur den Kopf, konzentriert sich auf den Verkehr vor ihm.

Er vernimmt ihr lautes Ausatmen, registriert das Zerfleddern ihres Taschentuchs. „Und in welcher Verfassung war sie, als sie gefahren ist?"

Er braucht einen Moment, ehe er antworten kann. „Wohl in keiner so guten …"

Mit einer Hand greift sie bestürzt an ihre Brust. „Um Gottes willen, Henning. Sie ist doch meine Enkelin." Erneut beginnt sie zu weinen. „Was, wenn ihr etwas Schlimmes passiert ist? Wenn sie …?"

„NICHT!" Seine Hand schnellt nach oben, verbietet ihr den Mund. Kurz sieht er Luisas Großmutter an, erfasst ihre Verzweiflung. „Nicht, Helene. Ihr ist nichts passiert … es geht ihr gut." Seine Hand wieder am Lenkrad, nickt er bestätigend, wohl auch, um sich selbst von seinen eigenen Worten zu überzeugen.

Sie schnäuzt in ihr Tempo und schweigt den Rest des Weges. Und Henning zergeht in Selbstvorwürfen.

Warum hat er ihr nicht zugehört? Er hat seine Gefühle eingemauert und sich dahinter versteckt. Nicht bereit, zuzulassen, dass Luisa einen Blick dahinter werfen darf.

Beherrscht von der Angst, erneut verlassen zu werden, geschürt durch ihren unsäglichen Abgang in der vergangenen Woche hat ihn einfach entscheiden lassen, dass es keine Zukunft für Luisa und ihn geben wird.

Auch die Tatsache, dass sie zu ihm zurückgekommen ist, sich bei ihm entschuldigt hat, konnte daran nichts ändern.

Er hatte schlicht und ergreifend Panik vor seinen Gefühlen. Vor der Möglichkeit, dass sie ihn erneut einfach verlässt.

Und jetzt?

Jetzt liegt diese Frau, die ihm so viel bedeutet, im Krankenhaus, kämpft vielleicht um ihr Leben. Oder ist gar …

Er wischt sich über den Nasenrücken, kämpft die verzweifelte Furcht nieder.

Ich habe das alles schon mal erlebt. Ich brauche keine Frau, die bei jedem Streit das Weite sucht. Es tut mir leid. Fahre wieder nach Hause.

Das waren die letzten Worte, die er zu ihr gesagt hat.

Und was bleibt, ist diese grässliche Ungewissheit, ob er die Möglichkeit erhält, alles wieder geradezubiegen. Ihr zu sagen, wie unendlich feige er sich verhalten hat.

Dass er sich in sie verliebt hat.

Die Tränen brennen in seinen Augen und plötzlich hat er Helenes Hand auf seinem Oberschenkel.

„Es wird schon alles gut gehen. Warte nur ab." Ein kleines Lächeln umspielt ihre Lippen. Aber die Sorge in ihren Augen lässt ihn auch weiterhin schwer atmen.

„Ihrer Enkelin geht es den Umständen entsprechend. Zwei gebrochene Rippen, Quetschungen, Prellungen und wohl eine Gehirnerschütterung. Aber ansonsten hatte sie einen aufmerksamen Schutzengel. Keine inneren Verletzungen. Sie ist auch schon ansprechbar. Wenn Sie wollen, können Sie gerne zu ihr. Aber nur kurz." Der Arzt lächelt voll zufriedener Selbstgefälligkeit und Henning spürt, wie zentnerschwerer Ballast von seinen Schultern abfällt.

Er hat das Gefühl, zum ersten Mal seit Stunden wieder tief durchatmen zu können. Auf einem der Stühle im Gang sitzend, vergräbt er sein Gesicht in den Händen und beginnt zu zittern wie Espenlaub.

Helene greift nach seiner Hand, zwingt ihn, sie anzusehen. „Du solltest zu ihr gehen, nicht ich."

Unfähig auch nur ein Wort zu sagen, schüttelt er erschöpft den Kopf.

Barsch schlägt sie seine Hand weg. „Jetzt hör mir mal zu, du Esel. Wenn du nicht augenblicklich deinen Arsch in dieses Zimmer bewegst, ziehe ich ganz andere Seiten auf. Auf der Stelle wirst du zu ihr gehen und dich mit ihr vertragen."

Henning lehnt den Kopf gegen die Krankenhauswand, starrt auf die Neonröhren unter der Decke. „Sie wird mich nicht sehen wollen."

„Um das genau zu wissen, solltest du dich von ihr rausschmeißen lassen … Also …, worauf wartest du?" Ihre Fußspitze klopft ungeduldig auf das graue Linoleum.

Von der erschütterten alten Frau, die neben ihm im Auto hierhergefahren ist, ist so plötzlich nichts mehr übrig.

Ergeben hält er die Hände in die Luft. „Schon gut, schon gut, ich gehe zu ihr." Er leckt sich über die Lippen, erhebt sich und wischt seine Handinnenflächen an seiner Jeans ab.

Scheiße, ist er nervös.

Ein kurzer Blick über seine Schulter, aber Helene heftet sich an seinen Rücken, beobachtet jeden seiner Schritte. Eine Schwester läuft an ihm vorbei, er lächelt sie an, schindet Zeit. Dann steht er vor Luisas Zimmer. Klopft an.

~oOo~

Kapitel 35

Mein Schädel brummt höllisch und mein Brustkorb scheint zu zerspringen, wenn ich ein- und ausatme. Mein Mund ist staubtrocken und der pelzige Geschmack ist auch nichts, woran ich lange festhalten möchte.

Aber im Großen und Ganzen … habe ich wohl verfluchtes Glück gehabt. Der nette Arzt hat mir verraten, dass meine Oma auf dem Weg ist, und die nette Schwester hat mir versprochen, sich behutsam meiner Eltern anzunehmen.

Und mir bleibt nichts weiter zu tun, als Löcher in die Luft zu starren und zu überlegen, wer den verfluchten Baum dorthin gestellt hat.

Oder ab wo genau ich von der Straße abgekommen bin.

Oder warum Henning nicht mit mir sprechen wollte.

Ein verräterischer Schluchzer sammelt sich in meiner Brust, drückt gegen meine Rippen und mit einem schmerzhaften Aufstöhnen schlucke ich die Tränen einfach wieder runter.

Es nützt nichts. Es ist vorbei.

Diese Suppe war mir wohl zu heiß zum Auslöffeln, mein lieber David.

Eine kurze Bestandsaufnahme verrät mir, dass ich sicherlich keine einzige Stelle an meinem Körper finden werde, die nicht von blauen Flecken übersät sein wird.

Ich bin ja so ein Glückskind.

Innerlich kann ich mich schon mal auf die Menschenschar vorbereiten, die innerhalb der nächsten Stunden hier auflaufen wird.

Ich liebe meine Familie.

Und da klopft es ja auch schon … ganz vortrefflich.

„Immer herein mit euch. Ich bin in Partystimmung. Hoffentlich habt ihr die rote … Pappnase mitgebracht." Der letzte Teil meines Satzes bleibt mir förmlich im Hals stecken, als ich ihn sehe. Zerknirscht hält er die Klinke in der Hand, seine Lippen zu einem halbseitigen Lächeln verzogen. „Hey."

„Selber hey."

Wow, ich liege bestimmt noch unter Narkose …

„Darf ich reinkommen?" Seine Augenbraue wandert fragend in die Höhe und mein Herz klopft wild gegen meinen Hals. Meine Finger krallen sich in die Bettdecke und ich nicke lediglich zustimmend.

Tausend Fragen schwirren durch meinen Kopf und doch kann ich ihn nur ansehen.

Wie er immer näher kommt, sich auf den Rand meines Bettes niederlässt, mit dem Finger irgendwelche Muster auf die Bettdecke malt. Wohl auch, um seine eigene Unsicherheit zu überspielen.

„Was ist mit deiner Hand passiert?"

Er hält inne, sieht mir fast fassungslos ins Gesicht. „Du liegst hier in einem Krankenhaus mit gebrochenen Rippen, Prellungen und einer Gehirnerschütterung und fragst mich, was ich mit meiner Hand gemacht habe?"

„Sieht aus, als hättest du dich verbrannt." Ich muss schmunzeln, keine Ahnung warum.

Vielleicht weil es dem Irrsinn einen Sinn geben würde, wenn er ebenso wie ich an diesem ach so besonderen Tag einige Blessuren von sich getragen hätte.

„Lass lieber gleich mal einen Arzt darauf sehen. Hier laufen einige davon rum, habe ich gehört."

Er nimmt die Hand aus meinem Sichtfeld, schiebt sie unter einen Zipfel der Bettdecke.

„Ja, später vielleicht." Die Finger seiner gesunden Hand fahren durch seine Locken und nur zu gern würde ich das seidige Gefühl mit ihm teilen.

Vorbei Luisa. Er ist nur hier, um sich zu vergewissern, dass du den Unfall gut überstanden hast. Dann wird er wieder nach Hause fahren und dich einfach vergessen.

Ich studiere seine Gestalt, versuche es mir einzuprägen. Für später.

Schließlich habe ich genug von seinem Schweigen.

„Was ist los, Henning? Warum bist du noch hier? Ich habe es überlebt, du kannst gehen." Unweigerlich straffe ich die Schultern, ungeachtet der Schmerzen, die mich dabei begleiten. Zwinge mich sogar zu lächeln.

Er hat wirklich schon genügend meiner Tränen gesehen.

Sein Blick verhakt sich mit meinem, ich halte die Luft an.

„Jetzt ist es wohl an mir, mich zu entschuldigen."

„Ach, du hast den Baum dorthin gestellt. Ich habe mich schon gewundert, wo der so plötzlich hergekommen ist."

Erschrocken blinzelt er mich an. „Von wem hast du nur diesen Galgenhumor? Ich hatte wirklich eine Scheißangst, dass dir irgendetwas wirklich Schlimmes passiert sein könnte."

Balsam für meinen geschundenen Körper.

Ich nicke.

Definitiv zu heftig für meinen Brummschädel.

„Das ist ja noch mal gut gegangen. Aber ich weiß noch immer nicht, warum du noch hier bist. Hast du Oma gar nicht mitgebracht?"

Er räuspert sich. „Doch, sie sitzt draußen, wartet auf deine Eltern."

„Aha." Erwartungsvoll hefte ich mich erneut in sein Gesicht, in dem sich plötzlich die widersprüchlichsten Gefühle widerspiegeln.

Die Verlegenheit darin gefällt mir am besten, allerdings hätte ich noch eine Rippe dafür hergegeben, wenn er noch einmal ein herablassendes *Schätzchen* über die Lippen gebracht hätte.

Kurz schließe ich die Lider, verliere mich einen Moment in dieser Erinnerung, nur um sekundenspäter erschüttert zusammenzufahren.

Als seine Finger sich auf meine Wange legen.

Hauchzart über meine Haut gleiten.

Mein Körper beginnt zu prickeln.

Ich bin nicht bereit für eine Berührung dieser Art, ergreife seine Hand. „Nicht, Henning." Mit zusammengepressten Lippen sitzt er mir gegenüber, legt seine Finger um meine.

„Es tut mir leid, Luisa. Was ich vorhin zu dir gesagt habe."

„Schon okay. Ich hab´s verstanden."

Henning schmiegt seine eigene Wange in meine Hand, die er noch immer umklammert. „Nichts hast du verstanden, glaub mir." Eine bedeutungsschwangere Pause.

Ich wage es nicht, mich zu bewegen. Spüre die Wärme seiner Haut unter meinen Fingern, sein Atem, der mich streift, seine Bartstoppeln, die mich kratzen.

Die feinen Härchen in meinem Nacken stellen sich senkrecht.

„Henning, was wird das hier?"

„Ich entschuldige mich bei dir und bitte dich um eine zweite Chance."

Jetzt bin ich sprachlos.

„Bitte?" Ich habe zu viele Schmerztabletten intus.

„Ich möchte, dass du wieder ein Teil meines Lebens bist, Luisa." Seine Augen blicken mich flehend an. Meine Nasenflügel beginnen zu beben. „Ich hatte Panik, habe mich nicht in der Lage gesehen, die Gefahr des Verlassenwerdens noch mal einzugehen." Tränen glitzern in seinem Blick. „Aber das hier …", er umschreibt das Bett, in dem ich liege, mit einer kurzen Kopfbewegung, „liegt so außerhalb meiner Vorstellungskraft. Ich dachte, ich müsste sterben, als Leni behauptete, du hättest einen Unfall gehabt." Er schluckt schwer, kämpft mit seiner Beherrschung. „Das hat mich wachgerüttelt. Diese Angst, dich zu verlieren … ich meine, dass du plötzlich … einfach nicht mehr da sein könntest, war das Allerschlimmste, das ich jemals erlebt habe." Er schließt seine Lider, die Träne findet dennoch ihren Weg. „Ich habe mich in dich verliebt, Luisa."

Und jetzt beginne auch ich zu heulen. Völlig haltlos und absolut unklug in meinem derzeitigen Zustand.

Henning rutscht näher an mich, umfasst mein Gesicht, verwischt die Tränen mit seinem Daumen, küsst meine Nasenspitze. „Pschscht, bitte, nicht weinen."

„Ich kann nihicht aufhören. Es tuhut weheh, abehr ich kann nihicht aufhöören zu heuheulen."

Ich stemme eine Hand gegen den straffen Verband um meine Rippen und trotz der Schmerzen gibt es kein Halten mehr.

Henning küsst mein Gesicht, zart und liebevoll. Dann trifft er meine Lippen und mit einem letzten Aufschluchzen gewähre ich seiner Zunge Einlass in meinen Mund.

Ungeachtet sämtlicher Flüssigkeiten, die mein Gesicht herunterlaufen.

Dann hält er inne, sieht mich an. „Bekomme ich sie? Eine zweite Chance?" Statt einer Antwort ziehe ich ihn wieder an mich, vergrabe meine Finger in seiner Lockenflut, atme ihn ein, seinen unverwechselbaren Duft, genieße das wohlige Gefühl, dass sich in mir ausbreitet, als er zwischen zwei Küssen leise meinen Namen flüstert.

„Ach herrje, wir kommen doch nicht ungelegen, oder?“ Die Stimme meines Bruders lässt uns ertappt auseinanderfahren. Ein Lachen braut sich in mir zusammen, bleibt aber auf der Strecke. *Gebrochene Rippen sind wirklich das Allerletzte.*

Eine schwangere Anna trägt einen riesigen Blumenstrauß und eine viel zu stürmische Elena hüpft auf mein Bett und umarmt mich zu schnell und zu fest.

Und David mustert Henning von oben bis unten, ehe er ihm die Hand hinhält. „Ich bin David und es wird mir eine unglaubliche Freude sein, dir jede einzelne peinliche Geschichte über Luisa zu erzählen, die meine Erinnerung so hergibt.“

„Henning, hallo. Ich bin sehr gespannt und freue mich auf jede von ihnen.“

Anna lacht herzlich, als sie mir links und rechts Küsschen auf die Wange drückt und ihre Tochter mit Blicken zur Vorsicht mahnt.

Jeder schüttelt jedem die Hand und ich knirsche mit den Zähnen, bedauere es außerordentlich, dass ich völlig bewegungsunfähig in meinem Bett liegen muss, meine Nichte am Hals und einen Bruder, den ich so gerne mit meinem Federkissen ersticken möchte.

Aber aufgeschoben ist nicht aufgehoben.

Epilog

„Hättet ihr gedacht, dass tatsächlich so viele Leute hier auftauchen?“ David streicht sich über den Hinterkopf, nimmt noch einen Schluck aus seinem Bierglas.

Die Geburtstagsparty ist in vollem Gange. Fast das gesamte Dorf ist erschienen, um diesen Tag zu feiern. Und Oma ist, im völligen Gegensatz zu ihrer dauernden Stöhnerei über das Vorhaben einer riesigen Geburtstagsparty, doch ziemlich angetan davon, dass alle gekommen sind, um ihr zu gratulieren.

„Also ich schon, immerhin war ich eine ganze Zeit lang an der Organisation dieses Festes beteiligt.“

„Na, wenn man meiner Mutter Glauben schenken darf, warst du doch eher überfordert mit der Organisation.“ Pias Augen blitzen mich an. Ich grinse. „Ja, da hat sie wohl recht. Irgendwie war ich abgelenkt.“

Ich drücke Hennings Hand, die auf meinem Schenkel ruht. Er beugt sich zu mir, küsst meine Nasenspitze.

„Och Leute, hört schon auf mit der Knutscherei, da ist ja nicht auszuhalten.“

Henning küsst mich glatt noch einmal, jedoch nicht ganz so jugendfrei wie gerade eben noch. Mein Bruder verzieht angewidert das Gesicht, mein Freund bricht in schallendes Gelächter aus. „Nur weil deine

Frau sich im Moment fühlt wie ein … War es ein Wal? … Und sie dich nicht ranlässt, kannst du uns doch unseren Spaß gönnen." Henning hat in meiner Familie wirklich schnell Fuß gefasst. Manchmal muss ich mich wundern, wie rasant das eigentlich ging.

Brüskiert klopft Anna auf den Tisch. „Heyheyhey, wie ein Wal …? Das habe ich niemals behauptet. Oder doch?" Sie lacht. „Eher wie ein riesiger Kugelfisch." Anna pustet Luft in ihre Wangen und wippt ungelenk auf ihrem Stuhl hin und her. „Und es ist so, dass mein Mann Angst hat, irgendwas an unserer Tochter kaputt zu machen, und nicht so sehr meine fehlende Lust, es noch mal so richtig krachen zu lassen."

Erschüttert stellt David sein Glas wieder auf den Tisch. „Was erzählst du da nur, Weib? Ständig hast du Sodbrennen oder dicke Füße." Ungläubig schüttelt er den Kopf.

„Gib dir einfach mehr Mühe, dann springe ich auch drauf an."

Ich verschlucke mich an meinem eigenen Getränk und klopfe meiner Schwägerin anerkennend auf die Schulter. „Genau, gib´s ihm. Er braucht das hin und wieder."

„Ein Mädchen? Ihr bekommt wieder ein Mädchen?" Pia klatscht in die Hände.

„Ja, ich hab´s mit den Frauen." David grinst über das gesamte Gesicht und Anna streichelt über ihren gewölbten Bauch. „Du wirst die Unterdrückung noch früh genug zu spüren bekommen, mein Lieber."

„Da kann ich deiner Frau nur zustimmen", pflichtet Henning Davids Ehefrau bei. „Meine Tochter kennt keinerlei Gnade. Und das in doppelter Ausführung? Mein liebes bisschen." Er prostet meinem Bruder zu und ich muss lachen bei so viel Solidarität. „Was ist denn mit euch? Wollt ihr keine Kinder?"

Pia schüttelt den Kopf und Alexander lacht über die Vehemenz seiner Frau. „Ich konnte sie noch nicht davon überzeugen. Und ihr seid nicht besonders hilfreich mit euren Schauergeschichten." Er legt den Arm um die Mitte meiner Cousine. „Aber wartet ab, früher oder später überzeuge ich sie schon noch."

„Eher später. Und stellt euch nur vor, meine Mutter würde nach Hamburg ziehen, um ihrem Enkelchen besonders nahe sein zu können … Das wäre erst mal schaurig. Alleine die Gefahr, dass sie es wirklich tun könnte, ist schon Grund genug, auf Kinder zu verzichten." Sie schüttelt sich, blickt in die Runde. „Aber ich passe gerne auf eure kleine Prinzessin auf, wenn sie erst mal da ist. Und auf die Große natürlich auch."

„Das ist gut zu wissen. Und wer weiß, vielleicht legen Luisa und Henning ja nach?" Davids Augenbrauen tanzen in seinem Gesicht auf und ab. Ich zeige ihm einen Vogel. Während Henning sich zu mir beugt, um mir ins Ohr zu flüstern, „wir könnten doch schon mal nach Hause und es versuchen."

„Das könnte dir so passen, he?"

„Allerdings. Wir könnten den Kamin anschmeißen, eine Flasche Rotwein öffnen und mal sehen, was so passiert."

„Klar, und Teresa?"

„Sie übernachtet heute mit Elena bei Oma Leni. Immerhin möchten die beiden morgen früh zusammen ausreiten." Ich suche den Saal nach Hennings Tochter ab, die mit Ben und einigen anderen jungen Leuten an einem Extratisch sitzt. Elena irgendwo dazwischen.

Ich grinse, wenn ich mich an die hitzigen Diskussionen erinnere, die letztendlich dazu geführt haben, dass Ben offiziell als Teresas Freund geduldet wird.

Es war nicht einfach, aber er ist ein sehr netter Junge, was auch Henning nicht leugnen kann.

Und wenn Teresa meine Tochter wäre, dann würde ich mir genau Ben wünschen, um der erste feste Freund meines Kindes zu sein.

„Lass uns noch eine halbe Stunde bleiben und dann verschwinden wir."

„Das hört sich mehr als verlockend an." Sein heißer Atem streift meinen Hals und ein Schauer erfasst mich. Die Vorfreude durchströmt meinen Körper und fast tut es mir leid, dass ich nicht doch sofort mit ihm nach Hause gehe.

ENDE

Leseprobe

völlig unerwartet
(Juni 2015)

Drei Stunden später ist die Wohnung verlassen, jedoch nicht weniger unordentlich. Im Gegenteil, irgendwie werde ich das Gefühl nicht los, dass Jonas' Betthäschen sich an meinem Schokoladenvorrat bedient hat. Und die leere Weinflasche ist ebenfalls nicht mein Werk.

Hinter meiner Schläfe beginnt es zu pochen und eine unbeschreibliche Wut macht sich in mir breit, während ich liegen gelassene T-Shirts, Hosen, Pullover und sogar den einen oder anderen Schuh vom Wohnzimmer- oder Küchenboden aufklaube und sie kurzerhand auf Jonas' Bett verfrachte.

„Es reicht, mein Freund. Ich habe jetzt wirklich die Schnauze voll. Jeder andere zahlt seiner Putzfrau zumindest einen Zehner die Stunde." Um meinen ungehörten Worten Nachdruck zu verleihen, stecke ich die leere Flasche samt benutzter Gläser mitten in den Wäscheberg und streue das Zellophanpapier meiner jetzt nicht mehr vorrätigen Lieblingsschokolade über dieses skurrile Gebilde. Damit werfe ich die Türe lautstark ins Schloss und lasse mir mein wohlverdientes Bad einlaufen.

Gibt es denn nur noch Idioten um mich herum?

Das heiße Wasser entspannt mich und die Zigarette, die ich mir gönne, tut ihr Übriges.

Das wütende *Hanna* aus dem Nebenraum lässt mich vermuten, dass die kleine Schlampe wieder zu Hause ist. Ebenso wie das kurz darauf folgende Klopfen an der Badezimmertüre.

„Hanna, was soll der Scheiß? Hast du keine anderen Hobbys, als mich zu tyrannisieren?"

Jonas' Stimme klingt dumpf durch die geschlossene Türe. So gar nicht beeindruckend. Ich ziehe noch ein letztes Mal an meiner Zigarette.

„Ich bin nicht deine polnische Perle, mein Freund. Räume gefälligst deinen Scheiß alleine weg."

„Das hätte ich jetzt sicherlich getan. Aber du musst ja mal wieder übertreiben, indem du alles auf mein Bett wirfst. Der Rest Wein aus der Flasche ist in meinen Klamotten. Shit, Hanna, jetzt muss ich alles waschen und das Bett beziehen." Seine Faust schlägt kurz vor die Tür. „Sag mal, du rauchst doch nicht wieder in der Wanne, oder? Es stinkt."

„Sei doch nicht so unentspannt, ich dachte, du hattest gerade Sex." Mit einem Grinsen im Gesicht ziehe ich den Stöpsel und mit einem Gluckern bildet sich ein feiner Strudel gen Abfluss. „Ich mache gleich die Lüftung an."

Diese neuen Nichtraucher machen mich wahnsinnig. In den ersten Monaten halten sie ihre Nase in jede blaue Dunstwolke, die ihren Weg säumt, nur um die Gier nach Nikotin auf indirektem Weg zu befriedigen, und wenn sie dann endlich meinen, über dem Berg zu sein, verachten sie alle anderen, die dem Glimmstängel noch nicht gänzlich abgeschworen haben. „Du lässt deinen Scheiß überall rumfliegen und ich rauche, wenn ich fertig bin mit putzen. Finde dich damit ab." Ich fische nach dem Frotteehandtuch, welches auf dem Klodeckel für mich bereit liegt.

„Ehrlich, Hanna, suche dir endlich was Neues fürs Bett. Du bist unerträglich unausgeglichen. Ich kann dein ewiges Rumgezicke nicht mehr ertragen." Und noch ehe ich hierauf eine passende Antwort geben kann, höre ich seine Türe zufallen.

„Du Riesenarschloch."

Ich war laut. Er muss es noch gehört haben.

Mit dem Zipfel meines Handtuchs wische ich über den beschlagenen Spiegel. Meine blonden, kurzen Locken umrahmen mein blasses, viel zu schmales Gesicht. Die Ränder unter meinen Augen stehen für die Anstrengungen der letzten Wochen. Mein Schlüsselbein zeichnet sich spitz unter meiner Haut ab und auch sonst habe ich nicht mehr viel Fleisch auf den Rippen.

Aber ich bin auf dem Wege der Besserung. Wirklich. Es geht mir wieder gut. Zumindest fast.

Die Abstände, in denen ich noch verzweifelt versuche, Sebastian zu hassen, werden größer, die Träume seltener.

Es ist ein halbes Jahr her, dass er mir seinen neuen Job in den Staaten offeriert hat. Und mich darüber in Kenntnis gesetzt hat, dass es seine Frau sein wird, die er über den großen Teich mitzunehmen gedenkt.

Tja, Hanna, so kann es gehen, wenn man sich mit dem Status der Geliebten zufriedengibt. Man wird aussortiert.

Immerhin wusste ich von seiner Frau, und ich habe es hingenommen, immer nur bereit zu stehen. Bereit für die schnelle Nummer zwischendurch, für die langen Abende und Nächte, die seine Frau lieber im OP als zu Hause verbracht hat, für all die Kongresse und Tagungen, bei denen ich, für ihn ungefährlich im Hotelzimmer darauf gewartet habe, dass er nach einem schicken Essen oder einer Gala für ein paar Stunden mir gehört.

All das war am Ende nichts wert und egal, wie sehr man sich einredet, Teil einer funktionierenden Beziehung zu sein, am Ende gewinnt immer die Ehefrau.

Danke

an Euch, die ihr meine Bücher lest. Ohne Euch würde die ganze Schreiberei keinen richtigen Sinn machen.

Toll, dass es euch gibt! Und wenn Ihr Spaß hattet, dann hat es sich gleich doppelt gelohnt.

Wie immer dürft Ihr mich kritisieren, gerne auch loben unter

Nicoles.valentin@aol.com

Alle Mails werden selbstverständlich von mir beantwortet.

Hat Euch *tatsächlich ländlich* gefallen, freue ich mich über eine positive Rezension, denn damit helft Ihr auch den Unentschlossenen, sich für mein Buch zu entscheiden.

Und sollte *tatsächlich ländlich* das erste Buch von mir gewesen sein, welches Ihr gelesen habt, so schaut Euch doch auch die weiteren Veröffentlichungen an.

Ich hoffe, wir lesen uns wieder!

Eure

Nicole S. Valentin

Weitere Bücher

Trotzdem irgendwie verliebt

Nach dem unglücklichen Ende ihrer Beziehung zu ihrem Chef Tim Neuhaus bricht Pia Sommer kurzentschlossen alle Brücken hinter sich ab.
Einen neuen Job bereits in der Tasche, lässt sie sich vor ihrem Umzug nach Hamburg auf einen One-Night-Stand ein, ohne jedoch zu ahnen, dass sie ihrem One-Night-Lover erneut über den Weg laufen wird. Denn Alexander Hofer ist niemand anderer, als der Mann, bei dem Pia nunmehr auf der Gehaltsliste steht und der ihr Gefühlsleben ordentlich durcheinander wirbelt. Trotz anfänglicher Bedenken und Missverständnisse kommen sich die beiden auf einem Firmenfest näher.
Doch Tim Neuhaus will die Trennung von Pia nicht akzeptieren und auch Alexander hat mit seiner Vergangenheit noch nicht wirklich abgeschlossen...

(Mai 2014)

Zufällig glücklich

Eigentlich läuft in Annas Leben alles in ruhigen Bahnen. Einen sicheren Job, mit Anfang 30 eine Beziehung zu Thomas, die endlich den Ernst anzunehmen scheint, um auf eine eigene Familie zu hoffen.
Auf der Hochzeit eines ehemaligen Studienkollegen von Thomas holt sie jedoch ihre Vergangenheit wieder ein.
David! Eben dieser David, an den sie vor sieben Jahren in einem Griechenlandurlaub unwiederbringlich ihr Herz verloren hat und von dem sie dachte, ihn nie wiederzusehen. Dass er sie nicht wiedersehen wollte.
Plötzlich steht Annas Leben Kopf und ihre mühsam unterdrückten Gefühle für David drohen sie erneut zu übermannen. Wäre da nur nicht diese klitzekleine Wichtigkeit, die sie vor David geheim gehalten hat.
Und Thomas spielt ja auch eine nicht unerhebliche Rolle in Annas Leben ...

(August 2014)

14853871R00186

Printed in Poland
by Amazon Fulfillment
Poland Sp. z o.o., Wrocław